*conversas ocultas
e ensinamentos diretos
de Jesus de Nazaré*

este livro foi publicado pela primeira vez
como anônimo, pois o autor dizia que a
mensagem deve ser mais importante
do que o autor

Agradeço a oportunidade de homenagear
com esta primeira publicação
no renascimento da Barany Editora,
o meu Mestre,
e o Mestre do meu Mestre, o Cristo.

Júlia Bárány

O JARDIM SECRETO
DE JESUS DE NAZARÉ

CYRIL SCOTT
compositor, autor, poeta

Tradução: Júlia Bárány

São Paulo, 2012

Copyright © 2007 Cyril Scott
Todos os direitos reservados. Nenhuma parte deste livro pode ser reproduzida ou transmitida em qualquer forma ou por qualquer meio, eletrônico ou mecânico, incluindo fotocópia, gravação ou qualquer armazenamento de informação, e sistema de cópia, sem permissão escrita do editor.

Direção editorial: Júlia Bárány
Edição, preparação e revisão de texto: Barany Editora
Projeto gráfico e diagramação: Barany Editora
Capa: Emília Albano

Tradução: Júlia Bárány

Dados Internacionais de Catalogação na Publicação (CIP)
(Câmara Brasileira do Livro, SP, Brasil)

Scott, Cyril, 1879-1970.
O jardim secreto de Jesus de Nazaré / Cyril Scott :
tradução Júlia Bárány -- São Paulo: Barany Editora, 2012.
Título Original: The vision of the Nazarene
ISBN: 978-85-61080-14-3
1. Jesus Cristo - Interpretações teosóficas. I. Título
12-03359   CDD - 232.9

Índice para Catálogo Sistemático:
1. Jesus Cristo : Interpretações teosóficas
232.9

Todos os direitos desta edição reservados à
Barany Editora © 2007
São Paulo - SP - Brasil
contato@baranyeditora.com.br

Livro para Ser Livre
www.baranyeditora.com.br

conteúdo

7   Introdução à segunda edição inglesa

15 Primeira Parte

17 A parábola da corda e do rio
27 Dos sacerdotes e dignitários
31 Dos dogmas
35 Das seitas e dos sectários
39 Da idolatria
43 Da fé, do testemunho e do entendimento
45 Da oração e da adoração
49 Do sacramento sagrado
51 Do ortodoxo e do não ortodoxo
57 De pecadores e salvação dos pecadores
59 Dos governos e dirigentes
63 Da real caridade
67 Da matança e dos que matam
69 Dos enlutados e da morte
71 Dos malfeitores e castigos
75 Das nações em guerra
77 Da política pacífica
81 Do amor e casamento

83 Dos terapeutas e das artes curativas
87 Do renascimento

92 Segunda Parte

93 Da história da minha vida
97 Dos ensinamentos secretos
101 Da ponte que nunca foi construída
103 Dos meus inimigos
107 Das maquinações dos meus adversários
113 Do combate aos meus adversários
117 Da ciência e dos cultos
121 Do dia da reparação – uma profecia
125 Da nova dispensação
129 Do retorno de Cristo

133 Posfácio
137 CYRIL SCOTT – compositor, autor, poeta, por seu filho Desmond Scott

introdução à segunda edição inglesa

Como acontece com confissões mais antigas, há dois aspectos da religião cristã, o exotérico, conforme pregado pelas igrejas, e o esotérico, estudado somente pela pequena porção do público interessado no místico, teosófico e assuntos afins. Com certeza um número grande mas decrescente de pessoas ainda aceita a doutrina exotérica com seus dogmas obsoletos, que causam confusão, mas, com poucas exceções, não satisfaz o tipo de mentalidade intelectual ou sofisticada do tempo presente. Portanto, conforme a raça humana evolui mentalmente, não seria extravagante dizer que se a religião cristã deva sobreviver, suas verdades esotéricas precisam se tornar de conhecimento geral, e não permanecer como fatos acessíveis somente aos estudantes da Ciência Arcana, e aos iniciados que constituem o que é chamado de Hierarquia da Grande Loja Branca.

Resumidamente, a verdade esotérica, que inclui a doutrina da reencarnação, pode ser esboçada assim: Os Evangelhos são em parte históricos e em maior parte alegóricos. Eles foram escritos, por assim dizer, em torno da vida e dos ensinamentos do Iniciado conhecido ao mundo como Jesus de Nazaré que, por um tempo, foi abarcado por um iniciado muito superior, aquele grande ser, chamado no Ocidente de O Cristo, e no Oriente, de O Bodisatva. Ele também é chamado de Mestre do Mundo, pois "a Ele são entregues os destinos espirituais dos homens". Nem é inadequado referir-se a ele como "Salvador", pois em épocas passadas Ele fez o supremo sacrifício de encarnar na Terra – vindo de um planeta bem mais avançado do que o nosso – para que pudesse adiantar a evolução dessa humanidade nossa tão atrasada. Como e por quais meios isso foi feito permanece um mistério a não ser para os Iniciados; não porque não *possa* ser conhecido, mas simplesmente porque o homem ainda carece do tipo de conhecimento que o tornaria mais inteligível.

Há uns dois mil anos, O Cristo percebeu a necessidade de fundar uma nova religião mais apropriada especialmente aos povos do Ocidente, e foi para este propósito que Ele usou Jesus de Nazaré como o seu Médium voluntário. Assim a religião cristã foi criada. O próprio Jesus, depois de cumprir Sua missão na Palestina, reencarnou como Apolônio de Tyana, em cujo renascimento Ele passou pela quinta iniciação, tornando-se assim um dos Mestres da Sabedoria Antiga, como Eles são chamados por causa de seu estágio elevado de evolução. Na filosofia yogue, Ele seria chamado de *jivanmukti*, ou seja, aquele que alcançou a Liberação e não precisa mais encarnar. No entanto, sendo um dos Mestres da Compaixão, como eles também são chamados, Ele renunciou à forma desencarnada da Consciência Gloriosa e permanece na nossa terra, para melhor servir a humanidade e seu próprio Mestre supremo, o Cristo. Atualmente ele ocupa um corpo sírio, e muito do seu trabalho consiste em inspirar, por telepatia, aquelas almas nas quais o espírito do serviço está desenvolvido e que são receptivas às ideias para o aperfeiçoamento e a ascensão da humanidade.

Embora os desejos e as intenções do Cristo e de Jesus tivessem sido que a religião cristã fosse um guia e um estímulo à conduta justa e fraterna, que por si só traria o melhoramento humano, o quão frustrante foi o resultado de seus desejos e intenções é algo que sofremos na própria pele e algo que o próprio Jesus previu e profetizou. Ele e O Cristo previram acertadamente que mesmo uma porção limitada de livre-arbítrio com a qual o homem é dotado seria mal usada.

E assim aconteceu em todo o cristianismo. Além do fato vergonhoso de que as nações cristãs se envolveram nas duas guerras mais destrutivas da História, as próprias igrejas (também em todo o cristianismo), disputaram e lutaram com palavras, e o que é pior, às vezes usaram a religião como pretexto para obter poder político. Deveras, o amor ao poder tem sido um dos pecados mais anômalos da Igreja católica romana, com sua deplorável doutrina de que somente ao se submeter à sua autoridade as almas poderiam ser salvas.

Nem pode ser negado que os textos foram distorcidos e interpolações colocadas nos dizeres atribuídos a Jesus, que são inteiramente incompatíveis com o todo do espírito dos ensinamentos cristãos. Além disso, nos primórdios do cristianismo, fraudes religiosas eram perpetradas por copistas e tradutores das escrituras, criando assim dogmas e discrepâncias que os teólogos tentam reconciliar, mas mais tarde foram destacadas pelos céticos letrados como evidência de que a religião cristã não tinha fundamento em fatos.

Sendo tudo isso inegável, longa e árdua por séculos tem sido a tarefa dos grandes Fundadores da fé cristã para salvar a nobre "arca" que eles construíram dos restos do naufrágio causado pelo choque contra os rochedos da inaptidão humana. É verdade, existem pessoas que mantém que a fé cristã de fato naufragou, em outras palavras, que acabou sendo um fracasso. Mas essas pessoas julgam apenas pelos efeitos superficiais, sabendo muito pouco ou nada daquelas forças espirituais ocultas que impediram as Forças das Trevas conquistarem um triunfo total e final.

Em qualquer caso, uma parte do trabalho do Mestre Jesus tem sido e ainda é por meio da palavra escrita, para contrapor a essas falácias doutrinárias funestas do passado, com isso procurando inspirar maior espírito de tolerância, não só entre as diferentes seitas mas também para com as outras religiões. De fato, na época atual de crise quando a necessidade é cada vez maior de salvar o homem de efeitos desastrosos do pensamento equivocado e da ação errada, Ele está usando todos os meios disponíveis, dos mais modestos e variados, para realizar aquela aspiração, cujo fator mais importante é a União entre todos os povos do mundo.

Já se passaram há muito os dias em que qualquer escritor que contrariasse os ditames da igreja fosse queimado como herético. Também passou muito tempo desde que o primeiro texto deste livro foi criado, tantas coisas importantes aconteceram, que foi necessário acrescentar novo material e fazer algumas alterações no texto original. Esta introdução também foi acrescentada por consideração especial pelas pessoas que não estão mais satisfeitas com o agnosticismo ou com o exoterismo apresentado pelas igrejas. Se essas pessoas querem explorar novos campos de conhecimento relevante, existe uma quantidade prodigiosa de literatura disponível.

Escritos inspirados são mais antigos do que a cristandade, e praticamente todas as comunidades religiosas de qualquer fé conhecem isso de uma forma ou de outra. Não deve ser confundidos com psicografia, sendo esta um tipo negativo no qual a mão e não a mente é usada por alguma presença desencarnada. Como aqueles que praticam psicografia costumam não ter consciência do que estão escrevendo, sua faculdade crítica está ausente, e, portanto, eles ficam à mercê da entidade que escreve por meio deles. Com a escrita inspirativa não é o caso; o transmissor está plenamente consciente de tudo o que escreve, e assim é capaz de julgar quando a transmissão é falha.

Para algumas pessoas pode parecer estranho que em dadas circunstâncias o método inspiracional e o científico podem estar correlacionados; no entanto, isso é possível se a veracidade da escrita inspiracional for autenticada por aqueles que possuem as faculdades necessárias. O fato de que as afirmações do escrito contido neste livro foram impressas no escritor pelo Mestre Jesus foi autenticado por dois investigadores treinados e independentes na linha da ciência oculta.[1]

Nos últimos anos, mais e mais pessoas se familiarizam com o termo *corpo astral*, e algumas não rejeitam como puro engodo a possibilidade de estarem funcionando nesse corpo em outros planos durante o sono, esteja a memória da experiência registrada depois no cérebro físico ou não. Portanto, para essas pessoas, o que o escritor relata no poema preliminar sobre sua visita ao jardim do Mestre na Síria pode não parecer irracional como seria nos dias em que o agnosticismo era considerado um aspecto do progresso.

Quanto ao texto em si, em algumas instâncias, principalmente na Segunda Parte, foram convocados os serviços de um companheiro de estudos em conhecimento oculto e poderes maiores do que os do escritor – serviços que são reconhecidos com muita gratidão.

Para ser explícito, é difícil mesmo para um Mestre impressionar a mente do seu meio com relação a assuntos com os quais esse meio desconheça. De fato, a mente do

---

[1] Ambos investigadores são mencionados no livro, *O Iniciado no Ciclo Escuro (The Initiate in the Dark Cycle)* Routledge

meio pode ser comparada a um piano: se algumas notas faltam, o músico, por mais talentoso que seja, ficaria consideravelmente prejudicado pelas limitações impostas.

Com respeito à linguagem estilizada dos escritos, além do fato de que o Mestre possui determinadas características de linguagem – ele não era um adepto da expressão poética quando caminhou pela terra da Palestina? – a linguagem um tanto bíblica é especialmente adequada a ditos retóricos.

Finalmente, sendo o orgulho espiritual com sua assertividade um dos perigos que assolam o neófito do oculto ou do Caminho místico, o escritor deseja o quanto possível permanecer anônimo.

PRIMEIRA PARTE

a parábola da corda e do rio

𝒫rolongada e profunda foi minha meditação, tão profunda que minha alma deixou o corpo.

E eu fui transportado para um jardim num país distante do meu local de moradia. No entanto, esse jardim me era conhecido assim como os rostos de alguns dos que caminhavam nele, conversando amorosamente, pois muitas vezes estive nesse jardim no passado. E eu me coloquei debaixo dos galhos frondosos de um cedro, e observei, e esperei, sabendo que eu viera a este lugar santificado para um propósito. E então, veio em minha direção por um dos caminhos aquele Grande Ser que eu sempre desejei servir. E conforme Ele se aproximou, fiquei atordoado com o esplendor de Sua aura, que tinha cores extremamente belas, inundadas de ouro.

E Ele me abraçou e disse: "Meu filho, você quer me servir novamente como me serviu no passado?"[2]

E eu respondi: "Com prazer eu farei isso, apenas preciso saber de que forma isto está em meu poder?"

E Ele sorriu e disse:

Eu lhe contarei uma parábola. Saiba que havia dois países, um era uma terra onde jorravam leite e mel, e o outro, uma região árida, cheia de luta e inquietação, de modo que uma era chamada Terra da Felicidade e a outra era chamada Terra da Aflição. Mas entre esses dois países havia um rio impetuoso, largo e perigoso, e muitos que procuravam atravessá-lo perdiam suas vidas na tentativa.

E então um dia veio um homem que, por causa de seu amor pelas pessoas, disse: "Eis que eu vou me empenhar em colocar uma corda que una uma margem à outra, e mesmo que eu perca minha vida na peleja, não importa, pois os outros poderão, com isso, agarrar-se à corda e atravessar o rio em segurança."

Dizendo isso, aquele homem se pôs a executar seu plano; e depois de arranjar uma corda, amarrou uma ponta

---

[2] O autor teve uma encarnação como místico cristão primitivo, na qual ele contatou e serviu o Mestre Jesus.

numa árvore, e fez um laço na outra ponta, e se atirou na corrente, lutando com as ondas.

Mas enquanto lutava, alguns caçadores que chegaram à margem atiraram nele com suas flechas e o feriram mortalmente; pois em meio às águas revoltas, eles o tomaram por algum animal e não um homem.

Entretanto, com um derradeiro e grande esforço, ele conseguiu engatar o laço da corda ao redor de um toco de árvore, afundando nas ondas em seguida; e assim ele cumpriu seu plano, embora perdesse a vida por causa daqueles caçadores e sua falta de discernimento.

Quando as pessoas viram o que havia acontecido, começaram a adorá-lo como herói, dizendo que ele morreu para nos salvar e, portanto, merece nossa adulação e nosso amor.

E embora eles o adorassem, somente poucos tentavam atravessar o rio, pois diziam a si mesmos: "Mesmo que a corda esteja ali e não vamos nos afogar se nos segurarmos nela, as águas são frias, e o rio é largo, e é muito difícil a travessia."

E assim, com o passar do tempo, a corda foi quase esquecida; além do mais, com a falta de uso, ela se cobriu de ervas daninhas e se enroscou nos ramos de árvores velhas, de maneira que mal parecia uma corda.

Mas a adoração daquele herói continuou apesar disso; e monumentos foram erigidos em sua memória, e as pessoas lhe entoavam canções de adulação e rezavam para ele por causa de seu grande amor por elas.

E então no decorrer da segunda, a terceira e a quarta geração de homens, surgiram pedantes e oradores e estudiosos; e sobre o herói eles pregavam, e como ele morreu para salvar os outros; mas da corda através do rio eles nunca falavam, pois então ela havia sido esquecida por completo.

E assim avolumou-se uma grande confusão por razão de seus argumentos e oratória e ensinamentos, e acabaram sendo criadas muitas superstições, tanto entre eles quanto entre seus ouvintes; e somente muito poucos conseguiam discernir entre a tolice e a verdade.

E muita discórdia foi semeada entre eles, de maneira que eles brigavam e discutiam; e aqueles poucos que eram capazes de discernir a verdade eram perseguidos e insultados, assim que o país chamado Terra da Aflição foi acometido de mais tristeza e perturbação do que já havia antes.

E finalmente surgiu um grupo de oradores que gritavam: "Por que esta briga? Tudo o que precisamos é adorar este herói como deus, e acreditar que ele morreu para salvar os outros, e eis! Quando nós morrermos, iremos ao país chamado Terra da Felicidade sem qualquer problema. Pois embora nossos corpos não possam atravessar o rio flutuando enquanto estivermos vivos, nossas almas atravessarão voando depois que morrermos. Além do mais, foram tão grandes seu amor e poder e heroísmo, que tudo o que pedirmos a este Espírito, ele o fará com certeza, basta jorrarmos nele suficiente amor em troca."

Então quando o povo ouviu isso, foi inundado por uma alegria imensa, e cumulou de honras aqueles oradores, dizendo: "Grande é a sabedoria deles, pois nos mostraram um caminho fácil. É de fato simples adorar e orar e pedir que o nosso herói nos salve quando morrermos; portanto agora vamos comer, beber e nos alegrar e fazer o melhor que podemos da nossa jornada na Terra da Aflição."

Mas enquanto isso, o espírito desse herói olhava para seus irmãos com tristeza nos olhos, ouvindo suas orações e seus pedidos. E ele sussurrava nos ouvidos deles:

"Meus filhos, vocês erram, pois em verdade eu *vivi* para salvá-los, e minha morte foi apenas um acidente da minha tentativa, e nunca pode ser a causa de sua salvação.

"Lamentável que vocês esqueceram da corda que eu estiquei por cima do Rio entre as Terras da Aflição e da Felicidade, pois foi por esse objetivo que eu vim e por nenhum outro.

"E embora, por causa do meu amor por vocês, meu espírito esteja próximo de vocês e sempre os consolará e os animará em suas adversidades, atravessar o Rio carregando-os eu não posso, por mais que vocês orem e implorem."

Embora esse herói lhes falasse assim, eles clamavam em altos brados suas orações e súplicas e não conseguiam ouvir a vozinha sussurrante de seu espírito, e assim eles permaneceram da Terra da Aflição.

E o Radiante disse, sorrindo:

E agora é o final da minha parábola, e seu nome é superstição.

E eu respondi:

Mestre! Será que eu entendi certo Sua parábola; e concebo corretamente seu significado?

Para aqueles que consideram o não-essencial como essencial e agem de acordo, deveras são maculados pela superstição.

E Ele respondeu:

Meu amado, você falou a verdade. Além do mais, saiba que como o Iluminado[3] disse há muito tempo, "Cada um deve realizar sua própria salvação."

No entanto, você pode ajudar seus irmãos e, ao ajudá-los, pode servir a mim. Pois saiba que a maior e melhor ajuda de todas é aquela que inspira o homem a ajudar a si mesmo.

E eu lhe respondi:

Ó Mestre, foi por este objetivo que Você veio, mas o homem não compreendeu?

E Ele respondeu:

Novamente você falou a verdade; deveras eu fui mal compreendido, lamentavelmente, desde o primeiro momento fui mal compreendido, e minha Missão também, que era mostrar à humanidade o caminho.

E embora poderosos elogios tenham sido dedicados a mim e meu nome esteja gravado em incontáveis livros, e o que os homens pensam ser a minha imagem esteja em múltiplos locais, mesmo assim, essas mesmas nações que professam acreditar em mim não experimentaram o meu caminho.

---
[3] Buda

E eu tenho sido mal representado mesmo por meus próprios cronistas, e retratado como viciado em raiva e preconceito injustos e grosseira auto-exaltação, e outras coisas indecentes.

No entanto, apesar de atribuir a mim todas essas incongruências, meus seguidores queriam me exaltar ao estado de Divindade, e brigaram quanto à maneira como eu deveria ser adorado.

Adoração! Será que eu pedi adoração ou adulação e um jorro de elogios derramado em meus ouvidos?

Em verdade, cheguei a apontar o caminho da Paz e fraternidade por meio da educação do coração e da vontade de amar todos os seres.

E para este fim eu dei a meus discípulos e ao mundo muitos preceitos e dizeres. Apesar dos meus avisos, o homem interpretou erroneamente esses dizeres e até transformou-os em desculpas para todo tipo de coisas más – de ódio e de guerra e de falta de caridade e de fanatismo, ou no mínimo, não querendo segui-las, considerou-as de impraticáveis e sonhos de um visionário.

Assim meus devotos me fadaram a ser, ilogicamente, "o unigênito Filho de Deus" e um representante de Deus na

Terra, ao mesmo tempo duvidaram muito da Sua Sabedoria a ponto de presumir que Ele proporia Leis Divinas e regras de conduta impossíveis de cumprir!

Verdades espirituais básicas eu revelei ao homem para a sua orientação correta, para que a segurança e a paz estivessem na Terra; ora, mais do que isso, pois, por causa do meu amor por ele, eu desejei que ele tivesse Vida e a tivesse com maior abundância, como eu disse em outra ocasião; querendo dizer com isso que a Vida é Ser Puro, Inteligência e Felicidade – e é para todos.

Mas, lamento pela minha Missão e lamento por minhas esperanças ardentes. E lamento pelas nações que, embora professassem amor por mim, não procuraram manter meus mandamentos, provocando assim sua própria ruína.

Acreditar em mim mas não acreditar em meus preceitos! – uma estranha e paradoxal crença é essa deveras.

E assim, meu filho, porque os homens compreenderam equivocadamente a mim e a minha Missão, eu busco, nesses tempos de perigo e crises e tribulações, trazer muitas coisas de volta à lembrança.

E assim dizendo, o Radiante me levou pela mão, e me conduziu para as cidades, em meio das quais perambulei invisível aos homens.

dos sacerdotes e dignitários

E Ele me levou primeiro a uma cidade onde havia uma grande catedral. E Ele disse, com um sorriso no qual havia um toque de pesar:

Eis que nesta cidade estão aqueles que se denominam meus ministros, e que pregam a "boa nova" e o "Evangelho do Amor". No entanto, embora muitos dentre eles sejam almas nobres com uma consideração compassiva por seus companheiros e uma devoção firme por *mim*, outros são meus ministros somente pelo nome, e em cujos corações habita um amor pelo poder e pela adulação em vez de um amor a Deus.

E embora eles proclamem a "boa nova" com seus lábios, muitas vezes seus rostos denunciam suas palavras, que alguns deles proferem em tons solenes, e outros, de forma monótona, como se indiferentes ao seu significado.

E alguns desses que se chamam de meus ministros caminham com grande orgulho e um ar de autoengrandescimento, considerando-se possuidores da única chave para descerrar a Verdade, mesmo que eu tenha ensinado aos meus discípulos a praticar humildade, dizendo, *abençoados são os pobres de espírito*; já que somente os humildes na mente e no espírito são receptivos à iluminação.

Lamento que eles fechem a porta para o Conhecimento, por razão de suas convicções impermeáveis, e fechem seus ouvidos à minha voz que queria lhes sussurrar um pouco mais da Verdade... Mas quem é que ouve vozes delicadas se acredita saber tudo?

E por que, meu filho, meus proclamadores de boas novas se paramentam com vestes de luto? Eu preferiria vê-los vestidos com roupas menos sóbrias.

No entanto, há outros que se vestem de escarlate e linho fino como sinal de seu status espiritual; e isto, apesar de, pelo meu exemplo, eu desejar ensinar a não ostentação.

Mas não pense que eu deprecio toda a grandiosidade e pompa e cerimônia quando empregadas para fins justos e num espírito certo, pois estas têm seu lugar no Propósito Divino. Obscuridade e escuridão eu abomino, e a suposição por parte de alguns dos meus seguidores extraviados de que a cor e a beleza são erradas e não divinas e pertencem ao "Demônio".

Está escrito nos meus Evangelhos: *O Reino de Deus está dentro de vocês* – no entanto, esses obscuros pensam que o reino de Deus é tristeza e feiúra em vez de Alegria?

Embora minhas palavras sejam inequívocas, muito pouco meus ministros têm proclamado a alegre imanência de Deus, assim que, sabendo disto, o homem deveria perceber sua inerente divindade.

Em verdade, o pensamento correto dá vida e saúde, e as dá com maior abundância, e a imanência de Deus é um pensamento correto. Mas muitos dos meus ministros têm escolhido enfatizar somente Sua transcendência, acreditando assim serem Seus intermediários.

Como líderes de oração e realizadores de cerimônias elevadas, e como ministros para os doentes e os sofredores eu abençoo meus sacerdotes.

dos dogmas

Então o Luminoso me conduziu a uma igreja, na qual um ancião com grande veemência exortava seus ouvintes a acreditar na Concepção Imaculada e outros dogmas.

E o Mestre sorriu com um toque divertido ao falar:

Em verdade é uma opinião estranha que esse ancião tem de mim, e muita oratória e força ele despende sobre seus ouvintes, incitando-os a acreditar no que não tem importância alguma.

Pois ele erra ao pensar que eu me encolerizaria se meus seguidores me considerassem concebido como todos outros homens nascidos de mulher.

Ó, me filho, estranhamente inconsistentes são os homens, pois eles me identificaram com o Deus do Amor, e me adoram assim com seus lábios, mas pensam que o Amor pode se importar com a maneira que eles imaginam que eu fui concebido.

No entanto, lamento, quando olho dentro de seus corações, vejo que eles estão secretamente contentes por ter um pretexto para brigar entre si, e estão contentes em encontrar, como pensam, um caminho fácil para a salvação.

Pois em verdade é mais fácil professar a crença da dificuldade da imaginação do que amar seus inimigos e fazer o bem àqueles que guardam rancor. Em verdade eu declarei que havia somente um pré-requisito para a salvação, que era "ama a Deus e a teu próximo assim como a ti mesmo".

Uma ofensa à inteligência do Homem são os dogmas, que nunca foram minha criação, pois em verdade os dogmas esmagam o coração e a mente e geram um pretexto para a separação em vez de união.

Mas, lamento que meus ministros tenham perdido a chave para minhas alegorias, e assim devessem pregar a tolice, distorcendo meus ensinamentos e preenchendo as mentes dos meus devotos com coisas não essenciais e superstições, causando descrédito à minha filosofia.

Pois saibam que tudo o que disse de mim eu pretendo aplicar a todos, e não somente a mim. Entretanto, por não entender o significado místico de muitos dos meus pronunciamentos, foi criado o dogma de que eu era "o

Filho Unigênito de Deus",[4] no entanto quando entendido misticamente, vocês todos são filhos de Deus – do Grande Espírito Branco, a Luz do mundo, em Quem vivemos e nos movemos e temos a nossa existência.

Além do mais, eu diria para aqueles que me amam, mas estão perplexos por causa dos meus ensinamentos: De mais de um ângulo eu queria falar, para que cada homem recebesse as verdades que melhor se adaptassem às suas necessidades mentais ou emocionais e ao caminho mais adequado para sua jornada.

Portanto, por vezes eu falava do ângulo do dualismo, e outras, do ângulo do monismo; um estava basicamente em conflito com o outro quando finalmente entendido.

No entanto, carentes desse entendimento, os teólogos e os interpoladores de textos e homens amantes de poder interpretam minhas escrituras de acordo com a letra em vez do espírito, e literalizaram a linguagem da poesia e metáfora, tendo como resultado discrepâncias e absurdos e dogmas.

E agora ouçam uma parábola: uma vez apareceu repentinamente, num lugar onde habitavam somente leprosos, um médico, trazendo um pequeno frasco na mão, e nesse frasco havia uma cura para os padecimentos deles.

---

[4] Hoje os eruditos admitem que esse era um fragmento de glossário que não deveria ser incorporado no texto.

E ele disse a esses leprosos: ouçam bem as minhas palavras, pois aquele que quer ser curado pelo elixir contido neste frasco deve seguir minhas instruções e retê-las em sua mente; pois eu posso deixar o elixir com vocês, mas não posso eu mesmo permanecer entre vocês.

Em seguida ele se pôs a instruí-los de como o tratamento deveria ser efetuado; e feito isso, ele entregou o frasco a um dos leprosos, dizendo: Fique encarregado disso, cuidando para que cada um dos seus companheiros tome a dose prescrita. Dizendo isso, aquele médico desapareceu.

E mal ele partiu, aqueles leprosos se puseram a brigar entre si, não só a respeito da identidade do médico, mas também quanto à maneira como ele veio e como ele se foi.

E tão intensa foi sua discussão e tão veemente, que todas as suas instruções fugiram de suas mentes, para jamais serem recuperadas.

Assim, embora o precioso frasco permanecesse em seu meio, nenhum deles sabia como aplicar seu conteúdo, de modo que se tornou totalmente inútil, como um tesouro de naufrágio escondido no fundo do oceano.

E agora, este é o final da minha parábola, e caro é para mim aquele que pode entender e seguir seu significado.

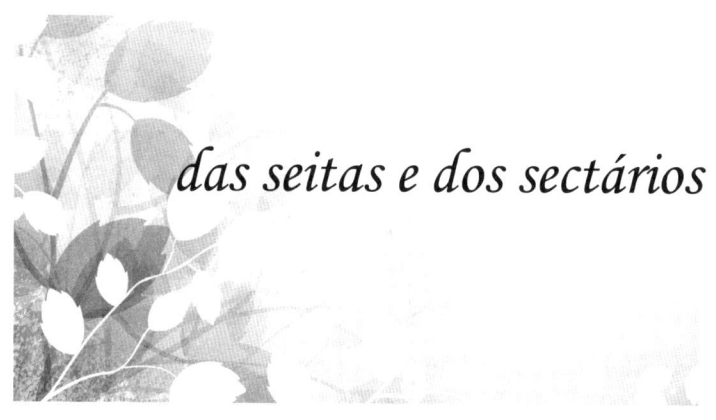

das seitas e dos sectários

E o Radiante me conduziu para outra igreja onde um sacerdote paramentado de branco exortava seus ouvintes a dar dinheiro para a conversão dos pagãos.

E novamente o Mestre sorriu e disse:

Ó meu discípulo, porventura eu disse alguma vez: Existe apenas uma crença e uma religião que é certa, e todas as outras estão de fato erradas? No entanto, por eu ter dito aos meus discípulos: *Vão pelo mundo todo e preguem a boa nova*, os insensatos deturparam minhas palavras e fizeram delas uma desculpa para atos devassos e tolos.

Pois em verdade quero dizer com isso que cada um deveria espalhar pelo mundo o meu evangelho da paz, trazendo consolo e iluminação aos seus companheiros, por Amor e bondade do coração – mas não que o homem devesse semear sementes de discórdia e de briga, arrogante na convicção de que somente ele está certo e que todos os outros estão errados.

Em verdade Deus é Um, mas por muitos nomes pode Ele ser chamado por Seus devotos: e lamento que meus seguidores se aflijam muito por causa desses muitos nomes.

Mas a eles eu diria: "Quando vocês condenam a religião do outro, cuidem primeiro de entender essa religião, e cuidem também de que vocês entendam sua própria religião: pois na essência todas são iguais."

Ó meu discípulo, a conversão não é uma questão de fé, mas uma questão do coração; e os insensatos procuram muito converter aqueles que já estão convertidos, e seu desejo de converter frequentemente surge da falta de humildade.

Mas eu disse em outra ocasião: *Eu não vim para destruir a lei e os profetas, mas para cumpri-los*; no entanto, meus seguidores procuram desaprovar as religiões mais antigas apesar de minhas palavras – e isto, porque perderam a compreensão da lei e dos profetas.

Em verdade todas as religiões são Uma, e aquele que adora o Pai adora o Brahma, e aquele que adora o Brahma, adora o Tao, pois todos esses são diferentes nomes do Amor – Existência – e Graça Absoluta, que na verdade são Deus.

A união eu preguei, e que união poderia ser maior do que *amar seu próximo como a si mesmo?* E em verdade ele é você, pois toda a Vida é um.

E daí, compaixão e compreensão eu preguei – sentir *com* e compreender *com*; pois esses são deveras os filhos do Amor.

Mas apesar do que eu disse: *Por este sinal todos os homens saberão que vocês são meus discípulos: se vocês amam uns aos outros*, no entanto meus seguidores têm sidos culpados de intolerância religiosa e trabalharam não juntos em união e companheirismo, mas em comunidades separadas, uma rivalizando com a outra.

E agora aprenda, ó meu amado, a Verdade é infinita embora seja Uma, e não nessa ou naquela seita, nesse ou naquele livro está *toda* a Verdade contida; entretanto, para o coração altruísta a Verdade será revelada.

da idolatria

E o Resplandecente me conduziu a um país distante, e a uma pequena aldeia onde havia uma grande estátua de Buda, e diante da qual estava um devoto numa atitude de devoção.

E o Santo disse:

Meu amado, quando você sente amor e gratidão para com um dos seus companheiros, você coloca sua imagem diante de você, e ama olhar para ela, e ninguém lhe diz não faça.

No entanto, porque este meu irmão se prostra por amor e gratidão diante da imagem daquele que mostrou o caminho para a paz, deveras alguns dos meus seguidores o condenam, dizendo que ele adora ídolos e é pagão e idólatra.

Seria adequado, antes de condenar, tentar compreender; e com este objetivo eu disse há muito tempo: *Não julguem para não serem julgados*, pois aos olhos de Deus, este meu irmão não é um idólatra.

Aqueles que não conseguem compreender ficam muito inclinados a imaginar que este devoto adora uma imagem de pedra, mas deveras ele adora aquele Ser do qual esta imagem é apenas um símbolo, assim como a imagem de qualquer ser amado é apenas um símbolo daquele ser amado.

Veja, há aqueles que se prostram diante de uma imagem minha, mas somente os intolerantes denunciam-nos como idólatras.

Ah, existem ídolos piores do que imagens de pedra, e mais danosos; e os tolos adoram estes, acumulando-os como tesouros para si na terra.

Ora, riquezas eles adoram, e prazer e fama e nome, e outras coisas que rapidamente se corrompem, e também corrompem os corações daqueles que estão apegados a estas coisas.

Mas esses idólatras não hesitariam em quebrar as imagens dos meus amados que pertencem a outra fé, embora lutem com todas as suas forças para manter intactos seus próprios ídolos de riqueza e poder.

E alguns deles também quebrariam minha imagem, dizendo na sua falta de compreensão: "Em nossa Religião não deve haver idolatria, afastem esta degradação!"

Mas saiba, ó meu amado, que mesmo aqueles que não adoram nem riquezas nem imagens – até eles podem ser idólatras; pois em verdade aquele que exalta a Letra e o símbolo das Escrituras em lugar do espírito e do conteúdo, este também deve ser considerado idólatra diante do Senhor.

E mais eu diria, mesmo aqueles que adoram Deus como uma pessoa possuem um tanto do espírito de idolatria em seus corações; pois do Absoluto e do Infinito querem fazer o relativo.

Da mesma forma, muito frequentemente meus cronistas confundiram a mim como pessoa, com o Caminho e a Essência Divina que eu vim revelar.

Seria adequado que um homem devesse dizer de si mesmo: *Eu sou o Caminho, a Verdade e a Luz?* E eu disse o seguinte aos meus discípulos: *As palavras que eu lhes digo eu falo não de mim, mas o Pai que habita em mim faz Suas obras.* Nunca pedi adoração: não, eu repreendi aquele que me chamou de bom, dizendo que existe apenas Um Que é bom, e este é Deus – no entanto, muitos dos meus seguidores não ouviram esta repreensão.

Se pedi amor como ensinamento, não foi por mim, mas apenas por eles: pois em verdade o Amor é o alimento mais sublime para a alma daquele que ama.

E agora, ó meu irmão, ensine seus companheiros que em todos os homens está o Pai, e a Consciência-Deus está para todos os homens que se fazem Um com o Pai: e ser Um com o Pai é ser um com todos os seres, e perceber a Essência da Existência e Conhecimento e Felicidade Absoluta.

Mas saiba, que aquele que se considera capaz de conceber Deus na plenitude de Sua Natureza é culpado de presunção, pois é tão impossível para um homem conceber Deus como para a formiga no seu formigueiro conceber o homem. Não obstante, eu chamei Deus de "O Pai": mas Ele é mais do que Pai; Deus é Amor, mas Ele é mais que Amor – não, Deus é tudo o que é possível conceber, mas Ele é mais do que é possível conceber.

E assim dizendo, o Mestre banhou aquele devoto do Buda com Seu esplendor, fazendo com que aquele devoto pensasse que esse esplendor vinha do Próprio Buda e se rejubilasse enormemente. E o Radiante sorriu enquanto me conduzia de volta ao Seu próprio jardim.

da fé, do testemunho e do entendimento

E o Mestre disse:

Uma vez um dos meus convertidos disse: *Prove todas as coisas, segure-se firme no que é bom*; mas existem aqueles que se chamam de meus seguidores e proclamam que procurar *provar* a imortalidade é mau. "Acreditem e tenham fé", dizem eles, "e quanto mais cega for a fé, mais meritória, pois o Mestre não disse, *Abençoado é aquele que acredita mesmo não tendo visto?*"

Assim eles me condenam a exaltar a estupidez quase como uma das mais elevadas virtudes. Ora, porque eu de fato disse: *Abençoadas são as criancinhas*, eles acharam que eu havia dito "Abençoada é a ignorância". Mas eu disse, abençoados são os despreconceituosos e os humildes em conhecimento.

Existe a fé certa e a fé errada; e a primeira se baseia em discernimento certo, mas a última é como uma casa construída sobre areia movediça.

Aqueles que estão doentes iriam a um médico a não ser que ele os convencesse de seu poder de curar? Mas tendo-os convencido, deveras lhes deu entendimento, e daí, fé, nascida do entendimento.

Ou mais; iriam a um médico que nunca curou pessoas? Em verdade eles vão porque outros deram testemunho, e daí sua fé é resultado desse testemunho, e também baseada numa medida de entendimento.

Um poder grande é a fé certa, e a alguns que vieram a mim eu disse, *Sua fé o curou*; mas eu não podia fazer boas obras entre aqueles que careciam de qualquer entendimento, pois a descrença é um obstáculo no meu caminho.

Ó meu discípulo, saiba: quem entende e tem suficiente fé nos meus ensinamentos a ponto de segui-los, somente ele tem fé em mim.

Mas, as pessoas têm tido fé muito em meu nome e pouco em meus ensinamentos; e assim eu não pude salvá-las de terríveis tribulações.

da oração e da adoração

E o Radiante disse:

Com palavras fortes eu batalhei outrora contra a hipocrisia, mas muitos daqueles que oram a mim, mesmo nos dias de hoje, são hipócritas inconscientes de si mesmos.

Sábio é aquele que sabe como orar e pelo que rezar, a fim de que seus lábios não peçam uma coisa e seu coração deseje outra.

Vejam! Hipócritas são aqueles que oram ao Pai: *Venha a nós o Seu Reino* – o Reino do Amor e da Harmonia – mas tendo ódio e discórdia em seus corações, frustram intencionalmente o advento exatamente daquilo pelo que eles oram.

Contudo, eles chamam sua adoração de Serviço Divino. Mas onde pode ser encontrado esse serviço, e onde a divindade?

Para meus discípulos eu disse: *Quando vocês orarem, entrem no quarto mais silencioso e secreto* – e agora acrescento, *até o quarto secreto de seus corações* – pois nunca exaltei a ostentação nem a exibição de mesuras devocionais.

Caro para mim é aquele que canta o nome de Deus continuamente em seu coração, onde quer que esteja, pois deveras o nome de Deus é Amor, e aquele que continuamente sente Amor é o verdadeiro adorador.

Ora, eu falei em outra ocasião, chegará o tempo em que o homem adorará a Deus em Espírito e em Verdade, pois Deus é Espírito e Verdade; e isto eu profetizei porque previ o dia em que o homem terá conquistado maior iluminação.

Contudo, eu também disse: *Sempre que dois ou três estiverem juntos em meu Nome, lá estarei entre eles*. Mas novamente muitos interpretaram mal o significado do meu Nome.

Pois saiba que aqueles que estão reunidos em harmonia, paz e amor, e que me invocam no espírito do Serviço, estes deveras estão reunidos em meu Nome, e a eles venho, pois semelhante atrai semelhante.

Mas aqueles que se reúnem para realizar cerimônias com mentes errantes e corações ansiosos por coisas mundanas, a eles eu não venho, pois seus pensamentos oscilantes nunca me alcançam.

E, no entanto, não pense que eu rejeito todas as cerimônias mesmo que tenha erguido minha voz contra vãs repetições; pois saiba que o ritual e as cerimônias são como muletas para os coxos de espírito, a serem jogadas fora quando o homem se tornar espiritualmente inteiro.

Eis que hoje em dia muitos ridicularizam as muletas dos coxos e dos fracos. E sua ridicularização nasce da intolerância; mas no ritual realizado com devoção existe meu Poder e meu Amor.

E em algumas repetições também há meu Poder, mas em outras há somente tolice e até dano; pois o homem, por razão de seu materialismo, perdeu a Chave de Ouro ao direito de usar meu Ritual e minhas Palavras de Poder.

E agora, eu quero dizer: aquele que ora com verdadeira sinceridade pela felicidade dos outros obterá ele mesmo a felicidade, e aquele que ora pela iluminação dos outros obterá ele próprio a iluminação; pois assim ele abre a porta para a Consciência Pura que é União e Alegria.

do sacramento sagrado

E viemos a uma igreja na qual o Sacramento Sagrado estava sendo administrado.

E o Mestre disse:

De ritos e cerimônias eu tenho falado, e sua utilidade para aqueles que necessitam disso. Mas nem todos os rituais realizados em meu nome se originaram comigo; de religiões mais antigas alguns deles foram tomados.

Ouça as palavras que o sacerdote enuncia agora, acreditando que elas foram pronunciadas pela primeira vez por mim aos meus discípulos na última ceia que partilhamos juntos. Contudo, as palavras foram derivadas de um Credo muito mais antigo, como os pesquisadores do passado descobriram desde então.

Em verdade não mais têm essas palavras algo a ver com o meu corpo e meu sangue do que com o corpo e o sangue daquele que as repete. Somente um significado simbólico têm essas palavras; mas, ignorantes disso, eruditos não crentes fizeram delas mais um pretexto para chamar minha religião de fraude e fabricação.

Mas eu quero perguntar: que prova têm eles que eu não ensinei a meus discípulos o ritual antigo a ser encenado em minha memória?

Ah, um mistério tem sido esse ritual até para os meus seguidores, tão profundo mistério que eles precisam inventar a doutrina da Transubstanciação no seu empenho de explicá-lo, convencendo-se de que um mistério poderia ser resolvido criando outro maior ainda.

Um mistério em verdade isso pode ser, mas não para aquele que tem a visão clara e para o iniciado. Pois em verdade o ritual, se corretamente realizado, invoca um grande Deva[5] cujo Resplendor, jorrando para todos os participantes, eleva seus corações e purifica suas emoções, de acordo com sua capacidade e disponibilidade de receber.

Mas o dia do entendimento ainda não chegou; pois somente quando o homem adquirir a faculdade de ver as coisas mais sutis que ainda estão ocultas, a verdade a respeito desta cerimônia invocativa será provada e conhecida.

---

[5] Um anjo, na terminologia cristã.

do ortodoxo e do não ortodoxo

E o Radiante disse:

Eis que, mesmo nesses dias de iluminação alardeada, ainda há muitos que se sentem orgulhosos de sua ortodoxia, mas há muitos mais que se orgulham de sua heterodoxia, dizendo para si mesmos: "Somos mais emancipados do que nossos companheiros."

Assim eles se inflaram de autoengrandecimento e orgulho espiritual, pouco percebendo que estão tão duros e inflexíveis em sua heterodoxia quanto os muito ortodoxos que eles denigrem.

Assim eles são surdos aos sussurros da minha voz no fundo de suas almas, pois em verdade eu lhes diria: "Não na crença, mas no coração que eu olho, e os puros de coração, mesmo que sejam tão ortodoxos em crença, são mais caros para mim do que os orgulhosos de espírito."

De bom grado eu o alertaria contra o dogmatismo insidioso das novas seitas e novas fraternidades, pois aquele que se orgulha de sua liberdade do dogmatismo pode já ter se tornado dogmático em seu próprio coração.

Veja, há alguns que adotam novas religiões como adotam uma nova veste, no entanto em seu caráter permanecem os mesmos apesar de tudo.

Frequentemente ouvi dizer: "Incentivamos em nossa fraternidade a liberdade do pensamento e opiniões diferentes"; mas infeliz daquele que acredita em sua palavra; pois suas opiniões diferentes são saudadas por antagonismo e olhares desaprovadores!

Estreiteza da mente nunca me foi cara e, ao contrário, sempre amei a largueza da mente; no entanto, muitos dos que abraçam uma religião mais ampla não se lembram de deixar sua estreiteza mental em casa.

E honestidade consigo mesmo e ausência de autoengano eu também amei, mas alguns abraçam novas seitas não pelo que se ensina mas por causa daqueles que ensinam.

Amor, gratidão e reverência para com os líderes e mestres são bons e belos, mas tolo e idólatra é aquele que os adula e adora, pois facilmente ele pode ser atraído ao longo deste caminho para conhecimento falso.

Aquele que adora uma pessoa exalta interiormente essa pessoa em um deus, e daí acredita que cada palavra que provém de sua boca deve ser forçosamente verdade.

Não, adoração de pessoas – com que frequência não engendra indolência mental e uma prontidão exagerada para a aquiescência? No entanto, o homem deve usar sua razão e sua intuição para separar o joio das crenças falsas do trigo da Verdade.

Ora, porque o homem me exaltou assim em um Deus, seus olhos ficaram cegos e sua razão obscurecida e aturdida, de maneira que até os erros e as contradições e as discrepâncias de meus cronistas ele dotou de verossimilhança.

E eruditos brigavam, e conselhos foram realizados e incontáveis livros foram escritos para justificar esses erros, e para provar como se não fossem erros, mas os mistérios de Deus e Sua palavra inspirada.

E aqueles mais iluminados que rejeitavam os frutos dessas discussões e viam com os olhos da Verdade foram denunciados como heréticos e muitos deles sofreram o martírio no cadafalso.

No entanto, porque eu previ esses acontecimentos maus, e que minhas palavras seriam distorcidas e pervertidas e transformadas em desculpas para a crueldade e tormenta e derramamento de sangue, eu avisei meus discípulos e aqueles que vieram depois deles. Pois eu disse: *Concilie--se com o seu adversário rapidamente enquanto está com ele no caminho, para que não aconteça de o adversário entregá-lo ao juiz, e o juiz entregá-lo ao oficial e você ser jogado na prisão.* No entanto, eu proferi meu aviso em vão.

Ora, aqueles mártires corajosos falharam em aplicar minhas palavras a suas necessidades ou não as compreenderam, ou ainda não desejavam compreendê-las; pois mesmo alguns tipos de martírio são inspirados por uma insidiosa forma de vaidade.

A coragem da mente e a coragem do corpo são qualidades merecedores de louvor; mas aquele que sacrifica seu corpo por uma causa libertina possui uma coragem tola.

Os mártires perpetraram algum bem mas também algum mal; pois muitos serviram somente como instrumentos para dotar os insignificantes com importância não merecida.

Por mais estranho que pareça para muitos dos meus devotos, mas aqueles que sofreram a morte pela causa da Ciência da Liberdade de pensamento alcançaram resultados maiores do que muitos daqueles que sofreram a morte pela causa da religião.

Ora, meramente para elevar ou negar alguma conclusão teológica, muitos mártires morreram, achando que morreram para me agradar; mas é muito mais caro para mim o corpo vivo de alguém que serve seus companheiros do que um corpo morto depositado debaixo da terra.

Mas novamente eu fui mal compreendido e a própria natureza do meu Amor aviltada aos olhos dos homens; pois apenas uma mulher apaixonada se alegra em ouvir que aquele que ela ama está pronto a morrer por ela.

Ora, meu comando é: "Viva e sirva"; e se vocês possuem um pouco mais de conhecimento do que seus companheiros, não sejam orgulhosos, pois isso é apenas uma gota no oceano do conhecimento infinito que é de Deus.

de pecadores e salvação dos pecadores

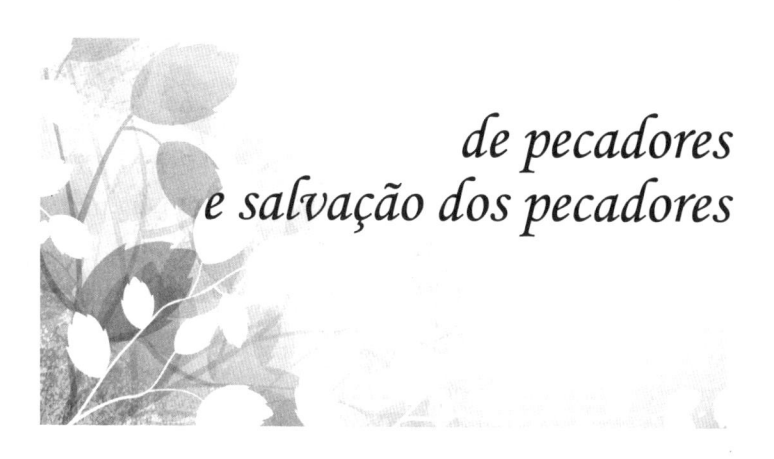

E o Mestre disse:

Lamento por aqueles que procuram salvar somente a si mesmos; aquele que quer se salvar deve lutar para salvar outro, pois esta luta é a porta que leva à salvação.

Em verdade para mim é abençoada a figura que fica em pé com uma mão estendida para cima para receber, e a outra mão estendida para fora para dar; pois Deus dá àqueles que dão aos outros.

E, no entanto, apenas os sábios e os alegres sabem *como* dar, pois os tolos nada têm a oferecer exceto olhares tristes e palavras soturnas, e um nebuloso prêmio distante.

"Acreditem como nós", dizem eles, "e tentem ser como o 'Homem das Tristezas' e a sua recompensa será a entrada num lugar longínquo de adoração contínua, depois que vocês morrerem". Mas eles não acrescentam: "Nós nunca vimos esse lugar"; e esquecem que eu já disse que o Reino dos Céus está *dentro* e *ao redor* de vocês.

Ó meus sábios, que tipo de médico é aquele que diz ao seu paciente: "Meu remédio vai curá-lo algum dia muito distante de agora?" Pois competente é o médico que pode curar seus pacientes aqui e agora ou no futuro próximo.

Mas lamento, o desejo de "salvar" outros se baseia muito na vaidade e não no Amor: pois não surge do desejo altruísta que outros alcancem alegria espiritual, mas para que aqueles que procuram salvá-los recebam créditos por isso.

Incontáveis vezes, por falta de entendimento, meus seguidores suplicaram a Deus, dizendo: "Tenha piedade de nós, miseráveis pecadores". Mas eu lhe digo, aquele que repetidamente chama a si mesmo de pecador miserável, blasfema nas profundezas de sua ignorância. Pois o homem é potencialmente divino e seu espírito foi feito perfeito à imagem de Deus e está um com Deus.

Ora, esta doutrina eu ensinei há muito tempo quando disse: *Eu e meu Pai somos Um*. Mas por causa da ignorância, os hesitantes me chamaram de embusteiro e meus seguidores me exaltaram como uma exceção à regra divina.

No entanto, o que eu disse uma vez digo de novo, e assim exorto os homens a orar: "Porque Você e Eu somos um, ó Pai, ajude-me a manifestar em minha mente e meu corpo mais de Sua Perfeição, para que eu possa me tornar o que sou na realidade – a Essência do Amor e da Felicidade."

dos governos e dirigentes

E passamos por um edifício imponente, no qual se resolviam Assuntos do Estado.

E o Mestre disse:

Ah, meu irmão, que maior ilusão do que a crença de que o mundo todo possa ser governado por homens deficientes em retidão, cuja busca é vencer pela astúcia seus companheiros, e que não hesitam mentir e trapacear e enganar as multidões quando isso convém a seu propósito.

Ordem e distorção – esses, em verdade, são incompatíveis; então como os Dirigentes com mentes e moral e consciência distorcidas podem criar e preservar ordem num mundo desordenado?

Em verdade, respeito por aqueles que governam é um pré-requisito de um governo saudável, pois as pessoas estão mais dispostas a obedecer aqueles a quem reverenciam e que colocam a todos um nobre exemplo. Mas quem, pergunto eu, respeita mentirosos e trapaceiros e aqueles que não mantêm suas promessas e aqueles que procuram desculpas: Não, frequentemente tais homens são apenas alvos da ridicularização ou do desprezo.

Adeptos da plausibilidade eles são e da arte de caluniar seus oponentes, mas pouco há de altruísmo em seus corações. No entanto, poucos altruístas eu vejo entre aqueles que lutam para se fazerem ouvir, só para serem execrados como sonhadores, visionários e diplomatas ineficientes.

No mundo dos negócios, há dois tipos de diplomatas, como bem sabem; um, esperto, construindo frases ambíguas, e o outro, hábil na suave arte de aplainar asperezas. Ah, que bom seria se houvesse mais do último tipo para jogar óleo nas engrenagens da controvérsia. Mas eu digo: *chegará* um tempo em que a era funesta da Política-Poder terá passado.

Política-Poder e Políticos-Poder, em quase todos os países eles abundam de alguma forma, e onde eles estão em maior número, terríveis tormentas meus amados foram condenados a sofrer.

Ordenar respeito por meio do medo – assim é a forma de agir dos tiranos que amam o poder. Ora, é por meio do medo, porque eles mesmos estão com medo.

Eles têm medo das consequências de suas transgressões, sempre apreensivos de que as pessoas que eles enganaram e oprimiram se ressurjam e os estraçalhem.

E não só das massas eles têm medo, mas uns dos outros, assim como dos filósofos e dos poetas e dos dramaturgos e dos contadores de histórias – e acima de tudo, da religião. Eles acham que falei demais da liberdade, por isso odeiam e temem meus ensinamentos.

Dirigentes eles podem ser, mas quando olho em seus corações, vejo que o amor deles por dirigir raramente é em prol do bem das multidões, mas para que *eles* possam desfrutar dos poderes e dos privilégios do domínio; embora finjam que isto é bom para O Estado.

Adoração do Estado! Ora, essa é a forma mais nova, mais sutil e mais útil de idolatria, criada e explorada para cobrir uma abundância de pecados; e um deles é a degradação do Serviço.

Serviço *voluntário* ao Estado pelo bem das massas, *isso*, de fato, é uma coisa bela e enobrecedora para a alma. Mas que mérito há no serviço sob compulsão; será que os pensadores retos que chamam as coisas pelos seus devidos nomes, não o denunciam como escravidão sob novo disfarce? Além do mais, aquele que serve não de forma voluntária e alegre serve mal, e talvez com vingança latente em seu coração.

Serviço não forçado, mas o *espírito* do serviço eu considerei uma coisa abençoada; portanto, para dar um exemplo, eu lavei os pés dos meus discípulos, e os exortei a servir assim uns aos outros. Simbólico foi meu ato da bênção do Serviço.

O espírito do serviço! – jubilosos são aqueles que o têm em seus corações, e abençoado o dia em que a Política--Serviço superar a Política-Poder, e as nações servirem umas às outras de acordo com suas capacidades, sem se importar com ideologias diferentes.

Não me peça para profetizar a Época: pois se é próximo ou se é distante seu alvorecer depende do próprio homem. Somente isso eu direi: a idade das trevas da Política--Poder já está com o tempo contado. Pois o Poder sem Amor é uma coisa má, e destinada a destruir-se no final.

Em verdade, não um mero sentimento é o Amor, como os escarnecedores se deliciam em afirmar. Ora, o Amor é a Força que sustenta e mantém unido o Universo.[6] E mesmo que o homem com suas tolices destrutivas abale sua habitação mundana, ele não pode destruir esses mundos que são indestrutíveis,[7] nem pode ele destruir sua própria alma.

---

[6] O Amor é um fato científico, e um dia será reconhecido como tal.
[7] Isto é, os planos superiores de consciência.

da real caridade

E o Mestre me conduziu de volta para o meu país. E ao caminharmos por uma cidade, vimos um homem que displiscentemente lançou uma moeda para um mendigo.

E o Radiante disse:

Ó meu discípulo, muito você ouve falar da caridade no mundo, e há muita doação de esmolas; mas a menos que o homem dê uma porção de si mesmo junto, ele dá muito pouco.

A caridade é do coração mais do que da mão, e muito próximos de mim estão aqueles que dão Amor, mas são inconscientes dessa doação.

Saiba que aquele que convida um pecador para dentro do seu coração e para sua mesa, não se importando com o que os outros digam, e faz isso tentando ensinar-lhe sabedoria, dá mais do que aquele que doa quantias de dinheiro para instituições de caridade.

E saiba também que aquele que pensa bem de um homem quando outros pensam mal, realiza um ato de caridade em seu coração.

Uma atitude da mente é a caridade, e muito caridoso é aquele em cujo coração mora o espírito do serviço, e em quem mora o eterno perdão.

Pois caridoso é aquele que perdoa mesmo antes que haja necessidade de perdão; e assim ele fica imune a todos os males.

Ora, caridoso é aquele que não pensa mal dos pecadores apesar de seus atos, entendendo que eles apenas procuram a felicidade da maneira equivocada.

E caridosos são aqueles que, encontrando em seus caminhos um doente e necessitado, enviam para ele um pensamento de saúde e de amor; pois grande é o poder do pensamento carregado de amor; e louvável é fazer este ato em segredo.

Ó meu amado, aprenda a alimentar outras mentes com o alimento dos seus pensamentos de amor; pois enormemente pode você beneficiá-las e a si mesmo também.

Não somente com o seu parente próximo, mas com o mundo inteiro pode você ser caridoso com seus pensamentos de amor; pois ao Amor não há obstáculos no espaço, por mais vasto que seja.

Portanto o verdadeiramente caridoso diz continuamente em seu coração: "A paz esteja com todos os seres".

Próximos de mim estão aqueles que lutam para obter sabedoria e conhecimento, para que possam dar os mesmos para os outros; mas ai daqueles que buscam obtê-los para si mesmos somente, pois a eles falta lamentavelmente o espírito da caridade.

Uma vez disse um discípulo: *Deus ama um doador alegre*, mas ao meu redor vejo seguidores que consideram meritoso sentir *dor* ao dar; e a isto eles chamam de sacrifício louvável.

Mas eu lhe digo, jubiloso é o verdadeiro sacrifício; pois a mãe do verdadeiro sacrifício é o Amor jubiloso, e aquele que faz este verdadeiro sacrifício entende a real e alegre caridade.

Mas poucos entendem a verdadeira caridade – pois demasiados dos meus seguidores dão esmolas, mas se entregam a todo tipo de mexericos maldosos e pensamentos não bondosos para com seus vizinhos e para com os pecadores; assim eles dão esmolas com suas mãos, mas exibem falta total de caridade com suas línguas.

Mas eu lhe digo, a verdadeira caridade está unida com a perfeita tolerância por todos os costumes, todas as crenças, todas as fraquezas, todos os pecados; e aquele que possui isto, possui a Paz em seu coração.

da matança e dos que matam

E o Radiante me conduziu para uma bela floresta, melodiosa com os cantos de muitos pássaros.

E ao caminharmos por entre as árvores e flores, um homem passou por nós – e debaixo de seu braço havia uma arma.

E o Mestre disse:

Ó meu discípulo, do Amor eu preguei, e a alegria de um grande amor; mas lamento, aquele que se delicia em matar qualquer coisa viva por prazer não experimentou esse grande amor; e em seu coração não desabrochou a alegre compaixão.

Embora ninguém possa destruir a Vida, pois a Vida é eterna, exorto meus discípulos a não destruir formas também, pois a crueldade é incompatível com o Amor.

Sim, de crueldade eu chamo a isto; mas o homem se acostumou tanto com isso que esquece que isto é crueldade – assim seu coração se endureceu.

Uma incontável variedade de prazeres ele tem, mas de todos estes ele escolhe para brincar aquele que fere e destrói.

E existem homens com coração de pedra que atormentam minhas criaturas, achando que com isso obtêm conhecimento; entretanto conhecimento obtido desta forma má tem pouco valor, e poderia ser adquirido de formas não cruéis. Oh! Meu filho, terrível pecado é buscar conhecimento torturando criaturas inocentes.

Lamento, em alguns desses países onde meu nome é cantado mais alto e minha imagem está fincada em cada esquina, meus preceitos de compaixão são os mais descumpridos; pois indiferentes são as pessoas ao sofrimento dos meus mudos.

"Os animais não têm alma", pensam e dizem eles, "portanto não importa o que façamos a eles."

Mas errados estão eles em suas afirmações, baseados na ignorância e falta de clareza de visão; pois em verdade os animais possuem alma. E um dia, embora ainda distante, eles renascerão em formas humanas.[8]

Em verdade eu digo a todos os homens; os animais do campo e os animais domésticos são nossos irmãos menores no Esquema evolucionário, portanto, deveriam eles ser os recipientes do nosso amor e da nossa compaixão.

---

[8] Foi colocado que o cachorro, o gato, o cavalo e o elefante domado possuem egos reencarnatórios, enquanto os outros animais possuem suas respectivas almas grupais.

dos enlutados e da morte

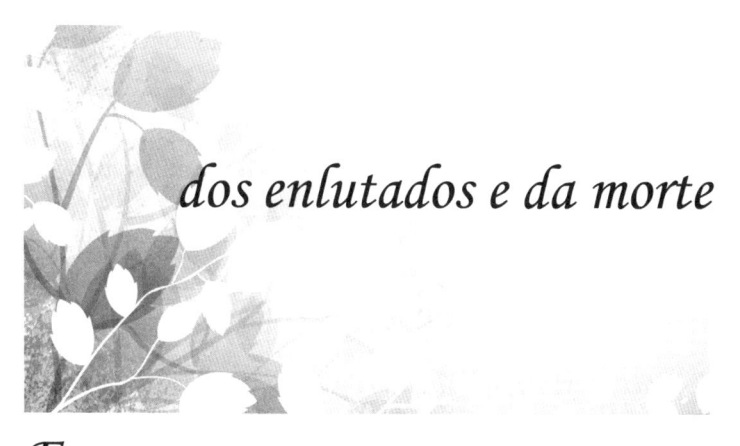

E chegamos a um local de enterro, onde tristes homens e mulheres colocavam flores sobre os túmulos.

E o Mestre disse:

Ah, meu irmão, duras possam parecer as palavras, mas, tristeza por aqueles que passaram adiante para *mais vida* muitas vezes nada mais é que egoísmo disfarçado; porventura os altruístas se entristecem com a alegria dos outros?

Como uma veste pesada, deveras, é o corpo, e um fardo para muitos que não entendem as leis da saúde; assim tanto mais é uma bênção descartar essa veste, pois mais leves e jubilosamente livres eles se sentem.

A virtude da compaixão eu sempre exortei; ora, mas não compaixão pela ignorância e a descrença dos enlutados e pelo egoísmo carregado de dor daqueles que choram.

Uma grande compaixão sinto agora por esses sofredores neste local de tristeza, e prazerosamente eu lhes sussurraria o consolo da Verdade. Mas, lamento, profundamente demais envolvidos em sua tristeza estão eles para ouvir minhas palavras.

E com prazer os espíritos de seus amados gostariam de dizer: "Não lamentem por nós, pois nossa pena por sua tristeza mareja nossa felicidade".

E então ao Mestre coloquei uma pergunta, e disse:

Por que você disse: "Abençoados são aqueles que sofrem, pois eles serão consolados"? E Ele sorriu ao responder:

Não desses que sofrem egoisticamente por seus entes queridos que eu falei, mas daqueles que, por causa do pesar, se voltam para aquela alegria que está *dentro*. E assim são consolados pelo único Consolo que não pode ser tirado por nada.

E agora, meu filho, eu diria para todos os homens das nações cujo costume ainda é enterrar os mortos: prejudicial tanto para os vivos quanto para os mortos é o enterro de corpos sem vida, e muitas doenças essa prática causou através dos séculos. Ainda não é suficientemente praticado o recurso da purificação por meio do fogo. Pois como cinzas, e não como corrupção, deveriam as vestes descartadas da alma serem devolvidas à terra.

Falei – aqueles que têm ouvidos que ouçam.

dos malfeitores e castigos

E o Radiante me levou para uma grande prisão na qual havia centenas de presos.

E Ele disse:

Ó meu amado, porventura eu preguei a doutrina da vingança, e exortei meus companheiros a atormentar os malfeitores? Em verdade eu os exortei a serem caridosos. Mas mesmo aqueles que professaram meu nome voltaram ouvidos moços para meus ensinamentos e estabeleceram outro nome que eles chamam de *Justiça* no seu lugar – pois em verdade sua Justiça é muitas vezes nada mais que *vingança* disfarçada.

Um homem perturbado por uma doença contagiosa é isolado, para que não espalhe essa doença entre seus companheiros, e um homem louco é confinado, para que não pratique a violência: mas meramente confinar esses infelizes não efetuará a cura; em verdade eles precisam receber tratamento também, das mãos dos saudáveis, e de um coração compassivo.

E agora, aprenda que aos olhos do Divino, os pecadores são moralmente doentes; e ai daqueles que atormentam os doentes em vez de cuidar de curar suas enfermidades; pois medonho será o resultado, tanto para os atormentadores quanto para os atormentados.

E assim, hospitais morais exorto meus seguidores a erigir para os filhos perdidos de Deus, e não locais de tormenta; pois atormentar é tornar os doentes mais doentes do que já estão, e provocar neles o desejo de vingança.

Inflexível demais é a lei e duras demais são as mentes de muitos dos seus administradores, e indolentes demais as vontades daqueles que estão no poder de estabelecer a reforma.

Ora, porque um homem matou seu companheiro ele é condenado à morte, tal sendo a lei, mas embora sua tenha sido a mão que perpetrou o ato, a vontade de outro pode tê-lo impelido a cometer esse ato; pois ele sofreu obsessão de um espírito mau.

Há muito tempo quando palmilhei as praias da Galileia, expulsei muitos espíritos maus, mas agora o materialismo desacreditou minhas ações e me condenou como vítima de superstição.

No entanto, seria bom se as nações, cuja lei é matar o matador, parassem para refletir; pois lhe digo que o espírito de muitos assassinos retorna e obsessa os fracos e de mentes criminosas, incitando-os a novos atos criminosos; ora, é assim que ele busca se vingar da lei e da comunidade que considera responsáveis por sua morte.

Mas, embora eu tenha falado, o homem não ouvirá minhas palavras ainda, pois mesmo o conhecimento muitas vezes tem enormes dificuldades de convencer a ignorância; entretanto, está próximo o tempo quando a prova será dada, assim como agora mesmo ela é dada àqueles que estão dispostos a receber.

das nações em guerra

E o Mestre me conduziu a um lugar onde jaziam enterrados muitos soldados de várias nações, que haviam caído nas Grandes Guerras.

E Ele disse:

Ó meu filho, veja com compaixão o calamitoso resultado do pensamento errado e o resultado de autopromoção nacional e competição, e da separação e inveja, e de outras transgressões lamentáveis contra a Lei do Amor.

Lamentavelmente, falsos valores as nações deificaram; amor ao poder, amor ao dinheiro, amor à presunção; mas o Amor em si e o espírito do Amor, isto eles ignoraram.

Mas quem entende o significado do Amor e a profundidade do que isso implica? Em verdade, ajuda mútua é filha do espírito do Amor, e não buscar para si somente, como as nações têm feito. Ora, nisso todas elas têm se desviado muito ou pouco.

Em minhas igrejas os homens oram: *Salve e nos livre das mãos de nossos inimigos; corte seu orgulho, retenha sua malícia, e confunda seus recursos*; mas por libertação de seu próprio orgulho e sua falta de amor fraterno eles não oram nessa oração unilateral.

Por mais forte que seja minha censura ao autoconvencimento, depressa demais as nações veem a trava no olho do irmão, mas não estão prontas para considerar o cisco em seus próprios olhos, e assim, como crianças briguentas proferem palavras veementes e lançam injúrias umas sobre as outras.

Palavras suaves e frases moderadas eu exortei meus discípulos a empregar uns com os outros, vendo que uma resposta suave desvia a raiva e não fere o orgulho. No entanto, lamento, ainda poucos daqueles que se chamam meus seguidores atentam às minhas palavras.

Para a conquista e a manutenção da verdadeira paz eu quero exortar todos os meus devotos a orar da seguinte maneira:

"Que a Luz Divina da Sabedoria ilumine as mentes de *todos* os homens;

Que a Luz Divina do Amor ilumine os corações de *todos* os homens – para que a Paz e a Bondade prevaleçam na terra."

Dizendo isso, o Mestre me conduziu para fora desse Local de Lembrança.

da política pacífica

ℰ o Reluzente disse:

Para resolver as discórdias entre as nações há três maneiras – assim consideram os estadistas – há o caminho da negociação, o caminho das ameaças e o caminho do derramamento de sangue. Os dois últimos nada mais são do que desastrosas ilusões; e como pode dar certo o primeiro, a menos que seja com atitude de bondade de todos os lados e não manchado pela sede de poder?

Ora, existe uma cegueira que nada vê, mas existe também uma cegueira que não vê aquilo que encara os homens bem diante de seus rostos; e com esta cegueira estão doentes aqueles que não conseguem ver que só trabalhando *com* em vez de *contra* pode a Paz ser mantida.

Em verdade a separação é o real "pecado contra o Espírito Santo", e não pode ser perdoado, pois o perdão não adiantaria nada. Somente cessando de cometer esse pecado é que seus danos podem ser impedidos.

Mas talvez você pergunte: Como é possível trabalhar *com*, quando os homens e as nações diferem tanto em tipo e raça e caráter?

No entanto, você não tem um ditado: "viva e deixe viver"? Portanto exorto todos os líderes e nações a aplicar o princípio da Unidade na Diversidade, *esta* sendo a Lei de Deus e de Seu Universo. Sim, porque o homem rebelde em sua cegueira desobedeceu a essa Lei do Amor, que provocou sua própria destruição.

Autobuscadoras têm sido as nações, não pensando no bem do mundo e de *todos* os homens.

E amantes do poder, dirigentes insensíveis e autoglorificantes surgiram, que mentiram para seu próprio povo e o enganaram, dizendo: "por todos os lados estamos cercados pelos inimigos que buscam nos destruir, portanto, precisamos estar preparados para desferir o primeiro golpe".

E outros declararam: "nosso povo cresce em número e nos faltam materiais essenciais" – assim encontrando um pretexto para as guerras.

Mas eu diria para todos: Por que vocês pensam que o dinheiro foi incluído no Plano Divino? Em verdade, não que o amor por ele fosse a raiz do mal, mas que fosse usado de forma certa e no tempo certo, como uma força para a Paz.

Para o comércio pacífico foi o dinheiro criado, e em verdade a atividade de comprar é muito menos custosa do que o caminho da guerra e o caminho das ameaças.

As nações desejam Paz? Então que aqueles que *têm* compartilhem com aqueles que *não têm*[9], para que as causas da inveja e do ódio sejam removidas para sempre, e com isso as causas da guerra.

E agora eu vou profetizar novamente, como eu profetizei outrora. Dessa vez não gritarei: *Ai de ti, Jerusalém,* mas quando chegar o dia em que a Glória de Deus anunciar a Grande Unidade, as Nações Unidas do Mundo, a Paz reinará sobre a Terra, e os homens olharão para suas tolices e brigas como eles olham para as tolices dos bárbaros.

---

[9] Isso se refere ao compartilhamento de materiais brutos, cuja posse desigual excita a cupidez e o ressentimento.

E eis, esse Dia *amanhecerá*, pois o caminho do Bem é mais poderoso do que o caminho do Mal, e deve prevalecer no final.

Benditos são aqueles que apressarem seu amanhecer pelo pensamento reto, sentimento reto, aspiração reta e compartilhamento reto, e serão muito caros para mim.

do amor e casamento

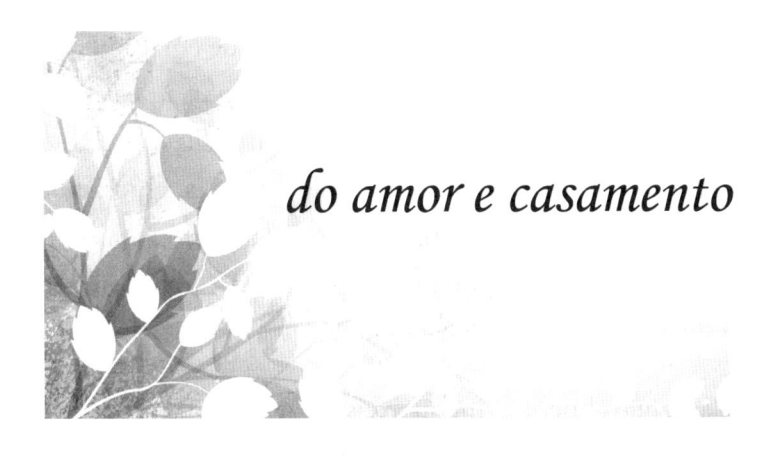

E o Radiante me conduziu a uma igreja onde uma cerimônia de casamento estava se realizando.

E Ele disse:

Muito me insultaram os sábios por causa da interpretação dos tolos, e muita fé míope o homem tem colocado nas palavras dos meus cronistas, e muito pouca fé no espírito dos meus ensinamentos: e assim aconteceram muitas coisas vergonhosas e danosas.

Moral e costumes – esses são instáveis e mutantes, e a moral e os costumes de um país e de uma Era não são os mesmos de outro país e de outra Era; portanto as palavras que proferi naquela época com relação ao casamento e a dar em casamento não foram intencionadas como leis a serem gravadas para todos os seres de todos os tempos.

Por eu ter feito uma concessão a pessoas de coração duro, dizendo: *Somente por adultério um homem pode repudiar sua esposa*, meus seguidores pensam que eu avalizei o ciúme e não quis que nenhum homem *perdoasse* sua esposa por infidelidade corporal. Em verdade é mais caro para mim um marido que perdoa sua esposa, praticando assim o espírito dos meus ensinamentos.

Lamentavelmente, incontáveis vezes minhas palavras foram transformadas em desculpas para dissolver um enlace matrimonial e para a falta de caridade conjugal; e assim também foram usadas como desculpa para o mútuo encarceramento dos pares malformados.

No entanto, será que eu preguei a crueldade e a tortura aos meus filhos? Ora, eu lhe digo, aqueles que se recusam a desatar os fios do casamento em que dois estão unidos no sofrimento e na repugnância mútua, em verdade são torturadores em meu nome.

Mas eu também lhe digo: benditos são os casados, que tendo cessado de amar um ao outro, se esforçam a amar um ao outro de novo, pois eles são como heróis aos meus olhos e muito próximos do Pai de todo o Amor.

dos terapeutas e das artes curativas

E entramos num grande hospital onde estavam deitadas muitas pessoas doentes e sofredoras.

E o Compassivo disse:

Uma vocação nobre e sagrada é a de curar os doentes, e caros são para mim aqueles que a perseguem com verdadeira sinceridade de propósito, e com uma profunda compaixão pelos seus companheiros.

Muitos médicos amorosos, altruístas, de alma nobre existem, mas muitos, lamentavelmente, têm mais consideração por si mesmos e por seus bolsos e sua própria reputação do que pelo bem-estar de seus pacientes.

Palavras duras, reconhecidamente, são essas, mas muitos sofredores as constataram verdadeiras na própria pele, enquanto outros negam sua veracidade, tendo ficado bem nas mãos de seus médicos competentes – portanto são verdadeiras e falsas.

No entanto, incontáveis pessoas doentes estão condenadas a sofrer, vendo que em vez do princípio divino de unidade na diversidade, o pecado da separação prevalece mesmo nas artes terapêuticas. Pois os membros de um Grupo não defendem ou fingem que só eles são os detentores da verdade, e que só eles possuem os únicos meios certos para a cura das aflições humanas? E por inveja, presunção, ou ignorância, não denunciam arrogantemente todos os outros Grupos como desprezíveis, fracos, fraudulentos ou perigosos, esquecendo propositadamente que eles próprios muitas vezes causaram muito dano, e falharam em curar enquanto outros tiveram sucesso?

É certo que em todas as vocações existem fraudes e patifes, mas uma coisa imprópria é fazer do falso um pretexto para condenar o verdadeiro.

Diversos métodos as Forças do Bem inspiraram para a cura dos males humanos, e não são rivais, mas complementos um do outro. Uma proporção de verdade e valor há em cada um deles, no entanto, não a verdade toda em nenh*um* deles; portanto não deveriam orgulhar-se do conhecimento, mas aprender, dar e receber de todos os lados.

Sim, há orgulho demasiado do conhecimento e perseguição dos próprios interesses quando se trata das artes terapêuticas, e por causa da cobiça financeira e ameaças a interesses combinados eu vejo muitas vezes desprezo e sofisma, em vez de compaixão pela humanidade sofredora.

Mesmo conspirações vergonhosas existem para esconder a verdade das multidões, impedindo assim que curas para as doenças mais dolorosas sejam conhecidas e usadas. Assim, aqueles homens intuitivos ou habilidosos que, por causa de suas descobertas valiosas, deveriam ser aclamados como benfeitores da raça, são muitas vezes desprezados como trapaceiros e impostores, e suas descobertas denunciadas como inválidas, prejudiciais ou no mínimo desmerecedoras de investigação.

E, no entanto, quando os descobridores não são os inimigos involuntários dos interesses combinados, então eles são muitas vezes aclamados como gênios.

E assim tem sido, e assim irá continuar a ser até que o amor ao próximo supere o amor a si próprio.

Por meio do Amor é que eu operei meus milagres quando caminhei pela terra da Palestina – embora milagre tenha sido um nome errôneo.

Mas como eu predisse na época, esses milagres podem e estão sendo realizados hoje por meio do Amor somente; pois o Amor é o verdadeiro terapeuta.

E que isso seja marcado e digerido interiormente: Não por meio da vontade, mas por meio do jorro do Amor Divino sobre o paciente, que as doenças podem ser curadas.

do renascimento

E caminhando, chegamos a uma choupana diante da qual estava sentado um velho, e nos seus joelhos havia uma Bíblia que ele lia atentamente.

E o Mestre disse com um sorriso:

Você sabe o que esse velho devoto meu está lendo no momento? Da Lei do Renascimento, embora ele não a compreenda.

No entanto, ó meu irmão, quando há muito tempo eu caminhava pelas praias da Galileia, eu ensinava a doutrina do Renascimento, bem como a da Causa e Efeito; mas com o passar dos anos, a ignorância prevaleceu acima do conhecimento, e assim muitas verdades valiosas se perderam.

E por causa disso, alguns dos mais renitentes desprezaram meus ensinamentos e pronunciaram-nos cruéis e injustos; e em verdade cruéis e injustos eles são, pois muitos dos meus seguidores os representaram para a humanidade.

Vejam o que esses dizem: "Um homem nasce num barracão em meio ao vício e à degradação, e outro nasce num palácio em meio ao conhecimento e à iluminação, e muito difícil é para o primeiro adquirir virtude no espaço de setenta anos, mas comparativamente fácil é para o outro. Assim um, tendo falhado, é condenado à perdição, enquanto o outro consegue a salvação."

E assim, meu Discípulo, sem a Lei do Renascimento e a Lei da Causa e Efeito ou Sequência e Consequência, em verdade meus ensinamentos seriam injustos. No entanto, esse último eu ensinei com ênfase, e o primeiro eu ensinei também.

Eu não disse de João Batista: *Vocês estão dispostos a receber isto, este é Elias, que deveria ter vindo?* E a Nicodemo eu disse: *A menos que um homem nasça de novo, ele não pode ver o Reino de Deus*; no entanto, lamentavelmente, meus ministros não conseguiram exercer o discernimento, pois as coisas que eu disse literalmente eles tomaram figurativamente, e as que eu disse figurativamente, eles tomaram literalmente: assim surgiu a confusão e a tolice.

E agora, ó meu devoto, ensine a seus companheiros a verdade do Renascimento e da Lei da Sequência e da Consequência; pois saiba que enquanto o homem não alcançar a salvação por meio da aquisição da verdadeira virtude, ele precisa renascer de novo e de novo: mas tendo alcançado de verdade, ele se torna *uma coluna no templo de Deus, e não sairá mais*.[10]

E saiba também que aquele que nasce num barraco em meio ao vício e à degradação, nasce assim unicamente por causa da Lei; pois em verdade ele colhe o que antes havia semeado.

Por que você acha que eu disse ao homem que curei na piscina de Betesda: *Não peque mais para que coisas piores não lhe aconteçam*? Em verdade, porque aquele que semeia Amor e Alegria e Sabedoria colherá todos esses.

E agora, àqueles que já aceitam a doutrina do Renascimento eu quero dizer: Sejam sábios em seu conhecimento e caminhem de acordo com a sabedoria.

Para que fim, meus amados, vocês renasceram? Não só para pagar dívidas do passado, mas para aprender novas lições e para adquirir maior consciência espiritual.

---

[10] Citando São Paulo

Mas antes vocês devem se conscientizar da lição que sua alma quer que vocês aprendam, e para isso vocês devem ouvir sua vozinha silenciosa.

Vocês seguem muito as maneiras e os pensamentos e os hábitos de vidas passadas, assim que uma vida se torna apenas um eco da anterior.

Sim, muitos daqueles que caminharam em outras ocasiões ao longo do caminho do isolamento procuram novamente caminhar por esse caminho, evitando o mundo em vez de aproveitar o que o mundo tem a ensinar.

Ou outros lamentam em seus corações, dizendo: "Em minha vida passada eu era livre para manifestar meus poderes e talentos, mas lamentavelmente, nessa vida estou cercado de barreiras."

Mas para eles eu diria: É através do vale das limitações que o propósito inabalável escala aos cumes da Perfeição.

E então coloquei uma pergunta ao Mestre.

E eu disse:

Mestre, diga-me por que o homem não foi feito perfeito desde o início, já que se diz: Deus fez o homem segundo Sua própria Imagem?

E o Radiante sorriu enquanto respondia:

Sem o livre-arbítrio a Perfeição seria imperfeita, mas onde há livre-arbítrio há também escolhas entre aquilo que traz dor e aquilo que traz paz. Assim o homem pode escolher entre o bem e o mal.

No entanto, o Homem Real é feito segundo a imagem de Deus, pois esse Homem Real é um com *o Espírito de Deus que habita em você*. E veja, nunca ele não foi e nunca *não* será.

Dizendo isso, o Radiante, depois de olhar muito amorosamente aquele velho que ainda estava lendo as Escrituras Sagradas, me conduziu rapidamente de volta ao local da minha morada.

SEGUNDA PARTE

da história de minha vida

Vários anos se passaram; e embora, enquanto estava fora do meu corpo à noite, eu visitasse muitas vezes o jardim do Mestre, e muitas vezes Ele falou comigo, nada mais Ele me deu para escrever. E então finalmente Ele disse: "Àquilo que você já escreveu, deve ser acrescentado mais – para a iluminação e a proteção dos meus amados".

E Ele disse:

Meus ministros em sua inconsciência afirmaram: "Na religião de Cristo não há doutrinas secretas"; no entanto eu ensinei a meus discípulos muitas coisas que não revelei aos profanos e os desqualificados para recebê-los.

Pois em todas as religiões há aquilo que é secreto e aquilo que é revelado, como os eruditos sabem, sem dizer. Mas o que é mantido secreto numa época pode ser revelado em outra; e por causa disso você, entre outros nesses dias, deverá escrever as verdades que lhe serão dadas para escrever.

O que os cultos falam dos meus Evangelhos? Ora, que eles foram escritos muitos anos depois que meus pés deixaram de caminhar pelas estradas e trilhas da Palestina. E eles falam a verdade.

E eles dizem também que minhas escrituras estão repletas de dizeres e doutrinas de religiões mais antigas, do judaísmo, das religiões do Egito, das religiões da Grécia e da Índia: e novamente eles falam a verdade. No entanto, os não iniciados fizeram falsas deduções, e assim aconteceu o ceticismo no lugar do conhecimento.

Pois alguns disseram: "já que a religião de Cristo é uma religião composta, recortada de muitas fontes, é uma fabricação ou resultado de circunstâncias fortuitas". E outros disseram que é o resultado de muitas superstições, e a impressão dessas superstições sobre a história de minha vida, eles opinam, foi a história de um reformador social com o fogo do fanatismo em seu sangue.

E mesmo aqueles que não desacreditam a mim e a meus ensinamentos ficam confundidos em suas mentes quanto ao fato de eu ter nascido cinco anos antes da data divulgada do meu nascimento.

E novamente outros declararam minha história de vida, conforme escrita nos Evangelhos, como sendo em maior parte uma retratação alegórica em forma narrativa do Caminho da Iniciação, que é o grande caminho para a Consciência-Deus, chamado de Reino de Deus nesses Evangelhos.

Assim os céticos negaram, e os cultos ponderaram, e os visionários pronunciaram; e mesmo assim minha vida apresenta um mistério insondável aos cérebros das pessoas.

E inevitavelmente o é; pois inimigos de diversas seitas me cercaram de todos os lados, e porque minha alma foi um alvo real para os dardos de pensamentos funestos que foram lançados em mim por meus adversários, fiquei ocupado demais em confundi-los e em tomar medidas para que meus feitos fossem registrados corretamente e minhas palavras fossem escritas.

No entanto, quando meus dias entre os homens se aproximavam do fim, alguns dos meus atos e dizeres foram registrados corretamente. Mas os registros, por causa da perseguição aos meus seguidores, tiveram que ser escondidos num local secreto: e somente no tempo designado eles serão trazidos novamente à luz.

Mas esse tempo ainda não chegou; e mesmo quando essas escrituras forem encontradas para a decifração dos peritos, nenhuma satisfação elas trarão a não ser para aqueles que possuem a chave aos seus significados secretos.

dos ensinamentos secretos

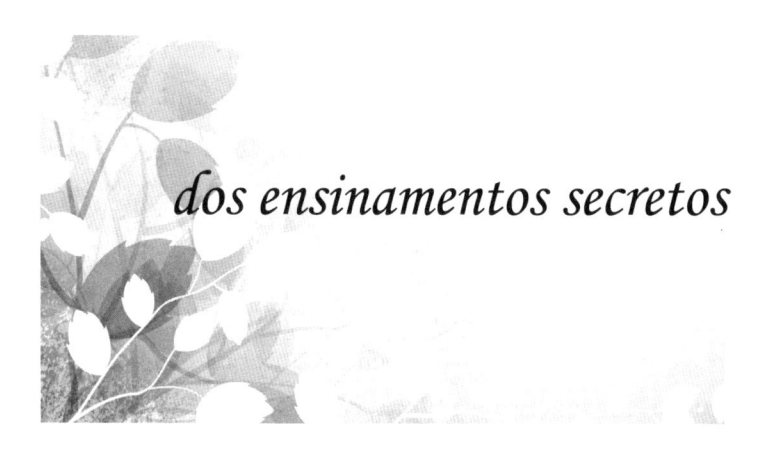

E o Mestre disse:

Para os meus primeiros discípulos eu ensinei as verdades eternas, e os instrui no caminho da Realização e no encontro com o Cristo místico. E lhes ensinei a verdadeira natureza do homem, e de seus corpos mais sutis e dos mundos internos; e da doutrina do Renascimento, e da Causa e Efeito, ou Sequência e Consequência, e das outras verdades e doutrinas sagradas dadas somente aos escolhidos e poucos.

E depois que eu saí do meio deles, meus discípulos ensinaram a outros essas mesmas doutrinas, para que cada geração de iniciados instruísse a seguinte, década após década. E esses iniciados perpetraram boas obras e comungavam com iniciados de outras escolas, e revelavam mais dessas doutrinas que até então haviam sido secretas, para que as mentes dos ignorantes fossem iluminadas, e os homens soubessem que a Religião era uma ciência e não meramente uma crença.

Mas enquanto os amantes da verdade semeavam as sementes da Sabedoria Divina, que brotou e floriu com belas flores, os inimigos da Verdade semeavam ervas daninhas que sufocavam aquelas belas flores com as plantas maléficas da ganância e crueldade e superstição; e eis que aquilo que fora um jardim se tornou um deserto; pois as flores da Verdade foram abafadas e escondidas pelo mato.

Ah, grande de fato foi a perseguição à minha progênie espiritual pelos inimigos da Verdade; e muitos deles pereceram. No entanto, a memória do meu nome não pereceu, e conforme os anos corriam o seu curso, das tradições e das transmissões orais os escribas criaram histórias referentes a mim e a meus ensinamentos.

E alguns desses escribas procurei inspirar com a Luz da Verdade, mas frequentemente eles obscureceram-na por nuvens de suas próprias imaginações, assim que meus Evangelhos se tornaram uma mistura de verdade e falsidade. Além do mais, esses ensinamentos internos que eu dei a meus discípulos acerca dos meios e do caminho para a Realização foram omitidos ou distorcidos a ponto de não servirem para nada.

Assim minha religião se tornou como uma caixa com janelas de vidro pelas quais muitas joias preciosas poderiam ser vistas, mas nunca obtidas, pois a chave da caixa foi escondida; até acabar preenchendo somente as necessidades dos simplórios e das almas jovens e dos que têm o coração confiante; enquanto os eruditos e as almas mais velhas se viram forçados a buscar alhures a Verdade.

da ponte que nunca foi construída

E o Mestre disse:

Eis que os Grandes ordenaram que os povos do Ocidente aprendessem por meio dos atos e por meio da ação, e os povos do Oriente aprendessem por meio da contemplação e quietude da mente: e foi para ensinar a feliz união desses dois caminhos que eu nasci na Palestina; pois o caminho da ação não é incompatível com o caminho da realização espiritual.

Para todas as coisas há um tempo, para a construção de pontes no mundo externo, e para a construção de pontes nos mundos internos, para o alimento do corpo temporal e para o alimento dos corpos espirituais que são em verdade como pontes do homem para Deus.

No entanto, embora eu estabelecesse a pedra fundamental dessa ponte para o mundo ocidental, os construtores que poderiam fazê-la se desviaram dela, e os planos do arquiteto foram rejeitados em favor dos planos dos palácios terrenos e grandes salões nos quais os mundanos comiam e bebiam e brincavam e se divertiam.

O trabalho, realizado no espírito do serviço a Deus e aos companheiros, era o ideal que procurei implantar nos corações das pessoas do Ocidente; mas muito ocupados com o serviço a si mesmos estavam eles, e tão tomados por suas paixões e desejos terrenos que, enquanto oravam a mim e cantavam louvores a Deus, eles usavam meu nome – como a história relata – como desculpa para todo o tipo de iniquidades. Assim, inconscientemente, eles serviam de instrumentos nas mãos dos meus adversários.

dos meus inimigos

E *o Mestre disse:*

No Evangelho está escrito: *Aqueles que não são por mim são contra mim.* No entanto há aqueles que são por e contra mim ao mesmo tempo; e esses, em verdade, são os meus adversários mais formidáveis, e tem sido meus adversários mais formidáveis por muitas gerações.

Amor ao Poder é a mola propulsora de suas perseguições, e arrogância e ganância espiritual; pois desde o início de sua história eles disseram entre si: "Ora, somos *nós* que devemos ser guardiães do Conhecimento."

Assim eles proclamaram para um povo demasiado crédulo que só eles possuíam as chaves douradas para a Verdade; e que doutrinas antigas de todas as religiões precedentes e filosofias e crenças foram inspiradas por Satanás como armadilhas para capturar os incautos.

E ameaças eles usaram, fabricando o dogma da eterna danação nas chamas ardentes, no lugar de doutrinas justas e compassivas de Renascimento e Causa e Efeito, conforme ensinadas por mim aos meus discípulos.

Demasiada esperança essas doutrinas engendraram no coração do homem; vias de fuga elas eram das garras daqueles que se arrogavam o único direito para decretar quais almas deveriam sobreviver e quais deveriam perecer.

Assim eles atormentavam os medos dos crédulos e dos ignorantes, primeiro tendo exaltado a ignorância como virtude a ser praticada em meu nome.

"Em verdade, não é difícil salvar as almas dos ignorantes", opinavam eles; "portanto, façamos guerra contra a erudição, para que a nossa recompensa seja maior nos céus."

Ah, verdadeiros adeptos eram eles na arte do autoengano e da autodesculpa, e na criação de grandiloquentes frases de autojustificativas.

Em uma fraternidade esses perseguidores do Poder ser formaram, lamentavelmente, numa fraternidade para a destruição da fraternidade.

E nessa fraternidade eles formaram outra fraternidade — uma secreta — tão secreta, em verdade, que até muitos dos irmãos da fraternidade externa nada sabiam dela, e nada sabem dela até hoje, embora ela ainda seja poderosa na prática do mal.

E os membros dessa fraternidade se insinuavam nos palácios e postos elevados, e agitavam as mentes dos monarcas e dirigentes e das autoridades.

Conspirações e intrigas eles amavam, e os perturbados redemoinhos da política que eles procuravam envenenar com o veneno de suas mortíferas maquinações.

Pois para um fim eles trabalhavam em seu desejo de Poder – em verdade para a completa subjugação dos povos do Ocidente. Ora, o domínio sobre todos estes eles desejavam e, lamentavelmente, eles pronunciaram o meu nome em vão para realizar seu desejo.

Sim, mesmo nessa era de conhecimento e iluminação e razão e invenção científica meus inimigos se esforçam e trabalham em segredo, perseguindo meus amados para a obtenção de suas próprias ambições.

E de diversas formas eles trabalham, enviando espiões para lá e para cá, armados com armas de falsidade e astúcia e dissimulação e mentira, sempre considerando que os fins justificam os meios.

Lá onde estão aqueles que buscam servir seus companheiros e formar comunidades para a disseminação do conhecimento ou ideais políticos, lamentavelmente, meus inimigos trabalham para destruir essas comunidades ou levá-las ao descrédito.

E se eles são impotentes para destruí-los de fora, então procuram destruí-los de dentro fingindo trabalhar pelos mesmos fins, enquanto na verdade semeiam sementes de dissensão e contenda.

Assim, ó amado, eles trabalham juntos pelo mal, fingindo trabalhar pelo bem. E os irmãos mais velhos na iniquidade sacrificam os irmãos mais jovens que sabem menos do mal que eles mesmos.

No entanto, para você e para todos eu digo: Assim como o sábado foi feito para o homem e não o homem para o sábado, assim as religiões são feitas para o homem e não o homem para as religiões.

E o que digo das religiões eu digo também das organizações religiosas, e da sua manutenção.

Não por si mesma deve uma organização existir, mas somente para ajudar o homem.

das maquinações dos meus adversários

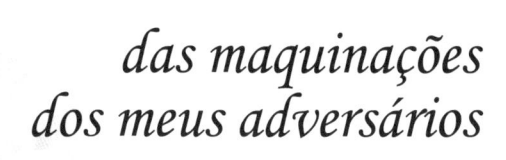

E o Mestre disse:

Ó meu amado, palavras duras eu proferi, e essas soam estranhas nos lábios dos muito amorosos, no entanto até palavras duras podem ser como a música do Amor.

Mais palavras duras tenho eu ainda por falar para a iluminação e proteção de meus filhos; pois como serpentes venenosas meus adversários se escondem na grama para prejudicá-los ou destruí-los.

E ainda, aquele que ama seus inimigos como eu amo os meus não será ferido por seus inimigos, vendo que o Amor é o escudo mais protetor de todos.

Sim, porque essas comunidades que procuraram me servir, embora cegamente, por novos caminhos, não se aperfeiçoaram no amor ao próximo, e assim os meus adversários obtiveram ingresso em seu meio.

Pois lamentavelmente, mesmo entre os pioneiros eu tenho encontrado demasiada inveja e competição e lascívia e mexericos maldosos, e mesmo aqueles que me serviam com a mão direita, muitas vezes serviam meus adversários com a esquerda.

Portanto, o homem deverá se aperfeiçoar no Amor. Como a armadura do Amor se torna mais invulnerável quando reforçada pelo Conhecimento, lhe será dado mais Conhecimento ainda.

Um longo caminho de volta ao Passado você deve percorrer comigo, ó meu amado, se quiser contemplar as maquinações secretas dos meus inimigos, e por trás do Grande Véu você também deve olhar.

Como há correntes no ar no firmamento físico, assim há correntes etéricas do pensamento no firmamento espiritual; e os Iniciados da Sabedoria Arcana têm o poder de controlar essas correntes e torná-las subservientes a fins benéficos.

Em tempos idos quando meu conversor, Saul de Tarso[11] caminhou entre os homens, ele utilizou algumas dessas correntes de pensamento para acelerar as mentes dos povos do Ocidente.

---

[11] Agora um Irmão da Grande Loja Branca, conhecido como Mestre Hilarion.

Mas em dias posteriores meus inimigos, na sua gana pelo Poder, ganharam ascendência sobre essas correntes, pervertendo-as a servir a fins maléficos em vez do bem.

Mentes mestres tiveram aqueles meus inimigos, e poderosamente treinados nas artes do controle de pensamento e autodisciplina eram eles; e poderosos eram eles também em cultura arcana, sabendo que as forças que outrora foram aportadas à causa da cristandade *não podiam ser acorrentadas nem destruídas.*

Sim, porque as energias dos povos do Ocidente foram entregues à gratificação de desejos animais e da perpetração de atos, em vez de se voltar para dentro e para o treinamento da mente, tornando-se assim presa fácil para meus adversários e suas secretas manipulações.

Pois aquele que não disciplinou sua própria mente não formou um escudo para se opor aos ataques de outras mentes; não, ele nem percebe que está sendo atacado. Indefesos estão os centros etéricos de seu corpo mais sutil, pois de sua própria existência ele é inconsciente, assim como dos poderes pelos quais eles podem ser controlados.

E desta ignorância meus inimigos têm conhecimento, tirando vantagem disso. Assim os pensamentos e vontades e emoções dos homens foram como argila em suas mãos, a serem moldados da forma que quisessem.

Magos eram eles, hábeis nas artes do hipnotismo e da sugestão e dos encantamentos sobre os incautos.

E não só comunidades religiosas e os membros de comunidades religiosas eles buscavam controlar, mas em homens de estado e homens de cultura e homens da ciência eles lançavam seus encantamentos insidiosos.

E às vezes eles laboravam sozinhos, mas muitas vezes trabalhavam num grupo, assaltando suas vítimas de longe com a força concentrada de seu ataque.

Incansáveis eram eles na sua vontade de derrubar a resistência e desviar os resolutos da sua busca honorável da Verdade.

E quando impotentes para alcançar seus desejos, como crianças vingativas eles se valiam de truques e recursos de trivialidades, calculados para perturbar e aborrecer.

E eis que, o que eles fizeram nos dias de outrora, seus descendentes em iniquidade continuam a fazer agora; pois meus inimigos não estão mortos.

Olhe, ó meu filho, atrás do véu, e veja-os em toda a sua nudez moral.

Embora suas vestes tragam as insígnias da Religião de Cristo, de suas gargantas sai um alento venenoso.[12]

---
[12] Nota para ocultistas – símbolo dessas forças que podem ser

Assim como os homens santos e ascetas de antigamente sopravam sobre os doentes para curá-los, esses inimigos sopram sobre os doentes para torná-los mais doentes ainda.

No entanto, eles aparecem como homens santos e ascetas aos olhos dos incautos, pois rigorosamente eles seguem os votos de sua vocação.

Castos são eles – irrepreensíveis – segundo as noções dos homens; no entanto sua castidade eles acenam como uma força para tornar os outros não castos.

Em força mental eles transformam a força sexual, mas para que fim? Para o aumento da fraqueza moral de suas vítimas, e para o enfraquecimento de sua força moral.

Amantes da *Religião Única* e da *Verdade Única* eles se proclamam, no entanto quando outros pregam a *Verdade Única* de forma um pouco diferente, eles os visualizam assentados num corpo projetando seus mísseis-pensamentos de destruição.

Líderes eles atacam, fundadores de novas comunidades com ideais de maior tolerância e um maior espírito de irmandade.

---

projetadas do centro da garganta de um certo tipo de mago. Assim como um cantor adquire controle vocal, esses magos adquirem poder no centro da garganta controlando suas próprias emoções e desejos para influenciar as emoções e desejos de outros.

Sim, mesmo que essas comunidades me ofereçam seu amor e seu serviço com os cânticos e a magia cerimonial da cristandade, da mesma maneira elas trabalham para conseguir sua queda levando-os ao descrédito.

De fato, a própria semelhança dessa magia torna mais fácil sua tarefa, pois as leis da Magia estão sempre baseadas na conexão estabelecida entre semelhante e outro semelhante.

Com palavras poderosas eles denunciaram a magia, denominando-a feitiçaria e arte negra – que de fato é, quando usada para fins maléficos.

No entanto eles são mais culpados do que os feiticeiros; pois os feiticeiros praticavam a feitiçaria em nome do demônio, mas os meus inimigos praticam a feitiçaria em nome de Deus.

Apiede-se deles, meu irmão, como eu tenho pena deles; pois muitos deles não sabem o que fazem; e porque Deus não pode ser enganado, o dia deles de prestação de contas não está longe.

do combate aos meus adversários

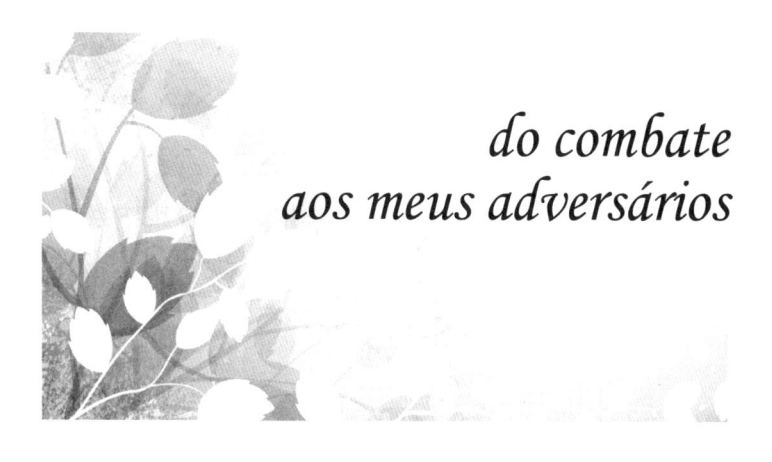

E o Radiante disse:

Ó amado, meus caminhos e os caminhos da Grande Fraternidade Branca não são os caminhos do mundo, e menos ainda os dos meus adversários; pois para mim e meus Irmãos o fim não justifica os meios.

Com o bem procuramos combater o mal; com ideais mais nobres procuramos preencher os corações dos homens, e suas mentes, com maior conhecimento e poder.

Porque meus inimigos usurparam o direito de ordenar a maneira que Deus deveria ser adorado, lamentavelmente, dentre as nações recrutamos homens e mulheres de coragem e fortaleza que *protestaram* contra essa iniquidade, e resolveram que eles e outros deveriam adorar Deus de acordo com os ditames de seus próprios corações.

Protestantes foram estes chamados, como você sabe sem eu precisar dizer; pois não só eles protestaram contra a escravidão espiritual de seus companheiros, como também contra a ganância e obras más e licenciosidade daqueles que executaram os comandos de seus escravizadores.[13]

Ora, quantos pereceram por razão de sua coragem; mas eles sofreram o martírio por uma grande causa.

Pela causa da liberdade eles morreram, e não pela substanciação de algum dogma teológico, embora meus inimigos gostassem de fazê-los acreditar que eram adversários da Verdade.

Assim em muitos países nós inspiramos líderes e pregadores cujas mentes e corpos eram fortes como fortalezas, contra os quais meus inimigos lançavam seus mísseis em vão.

E porque a força de homens unidos é maior do que de indivíduos isolados, o corpo sempre crescente de

---

[13] Aqueles que estão familiarizados com a história da Europa do período quase não precisam ser lembrados do estado deplorável da moral que prevaleceu entre os padres e prelados, especialmente na Itália.

protestantes se tornou um exército formidável demais para ser derrotado pelos meus inimigos.

No entanto, mesmo o bem que meu exército de protestantes promoveu foi muito em breve maculado pelo mal.

Porque eles não seguiram meus mandamentos e não aplicaram o espírito dos meus ensinamentos e o princípio do amor fraterno, lamentavelmente esse grande exército se fendeu em milhares de pequenos exércitos, cada um reclamando ser o único depositário da Verdade.

Assim também nas vastas extensões da Liberdade brotaram as ervas asfixiantes do preconceito e da intolerância com suas inevitáveis consequências, disputas, insultos e ódio mútuo.

No entanto, o bem que foi feito não pode ser desfeito. Embora meus inimigos tenham perdido uma poderosa batalha, eles não foram destruídos.

Em verdade, a grande campanha não foi finalizada, e não finalizada ficará até que ao homem seja dado aquele conhecimento dos meios pelos quais ele encarará meus inimigos de frente.

das ciências e dos cultos

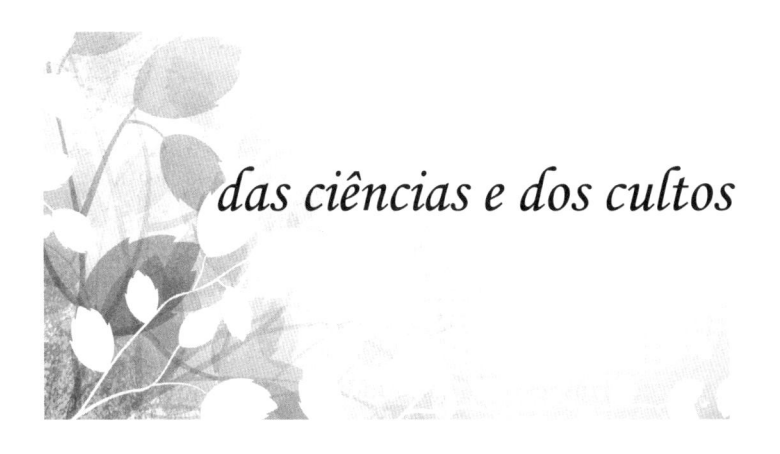

E o Mestre disse:

Especialistas em criar e explorar ilusões são meus adversários, portanto o verdadeiro cientista é um adversário dos meus adversários, pois ele tira inspiração do plano da Mente Pura e do pensamento abstrato – um plano que está além do alcance deles.

Não é um alvo fácil para suas flechas aquele que trabalha altruisticamente em busca da verdade, pois ele está posicionado muito acima das flechas; por isso eles o odeiam mais ainda, sendo abominadores da verdade.

No entanto, ele não é infalível, e muitas vezes suas descobertas são meras aproximações e pedras de toque para a verdade, pois em cada era somente determinadas facetas dela podem ser trazidas para a luz.

Portanto, não deveria ser exigido demais dos homens da ciência, levando em conta que em cada forma de especialidade existem limitações e armadilhas.

Além do mais, por lógica indutiva, muito cientista chega a suas conclusões, e a lógica indutiva só é segura quando o pensador tem certeza de que possui todos os fatos.

Existem alguns cientistas de estatura menor que são científicos e não científicos, pois varrem de lado fatos inconvenientes como fraudes ou superstições indignas de sua atenção; assim o espelho da ciência se macula com negações pseudocientíficas.

Mas eu quero dizer o seguinte: o tempo não está longe quando o homem conhecerá a Verdade por percepção direta, pois acima do plano da Mente está o plano da Intuição, do qual todo o conhecimento pode ser *diretamente* adquirido.

Inimigos da religião e de mim têm sido chamados os cientistas e pensadores científicos pelos preconceituosos e os ignorantes; no entanto, nunca podem os buscadores da verdade ser meus inimigos, pois de fato eles são meus amigos.

Somente aqueles cientistas que criam instrumentos mortais de destruição são meus inimigos, pois eles são inimigos do Amor.

No entanto, não foram assim aqueles grupos de homens que se chamavam Agnósticos e Racionalistas, pois embora fossem destruidores de certo tipo, eram apesar disso buscadores da verdade, e portanto serviam a mim de acordo com suas próprias luzes. Varreram o lixo de muitos medos e superstições e falsas crenças, limpando assim o terreno para nele ser construído algo melhor.

Embora seus líderes em sua honestidade e ignorância confessada declarassem: *Não sabemos*, seus seguidores fanáticos declaravam: *Nós não podemos saber, e nunca saberemos*. E alguns deles gritavam: *Não existe alma e, portanto, a imortalidade, não, não há Deus a não ser a própria Ciência!*

E assim, porque o orgulho e dogmatismo sempre fecham as venezianas contra a luz de mais conhecimento, tornou-se necessário inspirar outro movimento como uma contrapartida para suas negações.[14]

Não mais deveria o homem ser dependente da palavra daqueles que acreditavam ou professavam acreditar, mas não *viram*. Prova ele precisa ter oferecido no lugar dessa

---
[14] Isto é, Espiritualismo.

crença incompreensível a qual foi erroneamente glorificada como virtude.

Ridicularização e zombaria e calúnia foram as armas usadas para combater este novo culto; assim foi denunciado até por meus seguidores como algo mau e ímpio, mesmo tendo trazido cada vez mais consolo e cura aos sofredores e aos desolados.

No entanto, eu digo; apesar das denúncias e escárnios e injúrias, este culto prevalecerá; pois chegou o tempo de transpor o abismo ilusório entre o visível e o invisível, para que o homem *conheça* a verdade de sua imortalidade.

E esse outro culto[15], que é a sínteses da religião e ciência e filosofia, também prevalecerá. Em verdade nenhum desses cultos é inimigo da minha fé; eles são seus complementos e o complemento um do outro, e a Bênção de Deus está sobre eles.

---

[15] Ou seja, Ocultismo, Esoterismo, Teosofia.

o dia da reparação – uma profecia

E o Mestre disse:

Através dos séculos os cientistas e até os médicos só olharam como se fosse através de um vidro escuro, preocupados a maior parte com manifestações mais grosseiras da Natureza e não com o sutil.

Muito se aprendeu sobre o corpo físico do homem, mas pouco se sabe ainda sobre seu *corpo etérico* e seus outros *corpos* interpenetrantes, salvo os ocultistas, cuja palavra não é acreditada, embora isto seja tão essencial para o pleno entendimento da saúde e da doença.

Todavia, os caminhos do ocultista e do espiritualista e do cientista estão rapidamente convergindo, embora o último possa não saber, ou prefere não reconhecer o fato.

Por seus longos e meticulosos métodos, os cientistas descobriram muitas verdades há muitos anos proclamadas pelos iniciados da Ciência Arcana, mas na época repudiadas como falsas e fantasiosas.

No entanto, enquanto seres humanos podem mentir e serem enganados, não o são os instrumentos; e o tempo não está longe em que os instrumentos de tamanha sensibilidade serão construídos, que a Natureza será obrigada e desnudar ainda mais dos seus segredos até diante dos olhos dos mais céticos.

E por meio desses instrumentos, os peritos serão capazes de diferenciar entre os diversos graus de vibração no éter, e chegar a perceber como eles estão sendo utilizados para fins bons e maus.

E eis que, quando soar a hora, um instrumento será construído tão precisamente sintonizado e com tamanha delicadeza que o invisível se tornará visível, e o inaudível, audível.

E isto revelará determinadas camadas de mundos interiores, e os habitantes desses mundos – o mal junto com o bem.

E aqueles que habitam no mundo externo, mas usam as forças dos mundos internos também serão revelados.

Então se aproximará o Dia do Juízo Final; pois, como num espelho serão refletidos meus inimigos, sozinhos ou em grupos, com a intenção de sempre dobrar a vontade dos homens para seus fins iníquos.

E assim, de repente, aquilo que por gerações e gerações foi velado na escuridão será trazido à luz.

E as notícias disso serão anunciadas pelo mundo em todos os noticiários, e o homem se levantará em sua ira e derrubará seus inimigos e os meus inimigos com a força concentrada de sua justa indignação.

Sim, como um poderoso bombardeio ele dirigirá sua força-pensamento contra seus velhos opressores, tendo no ínterim adquirido conhecimento da incalculável potência do Pensamento.

Assim finalmente essa grande fraternidade de opressores será destruída, e o abuso do poder do pensamento repercutirá em cada um de seus progenitores, como também na organização pela qual eles sacrificaram até suas próprias almas.

da nova dispensação

E o Mestre disse:

O ciclo da Antiga Dispensação chegou ao seu fim, e eis que o sinal estelar da Nova Dispensação passou a reger os céus.

Novas influências ela trará em seu bojo, novas correntes de força inspirando o homem a novos ideais, novas aspirações e o percorrer de novos caminhos.

Sim, já estão seus poderes se manifestando; e embora os preguiçosos possam ainda estar caminhando indolentemente pela rota de velhas superstições, as velhas formas, os ousados e progressivos têm apressado seus passos; pois com o estabelecido e o desgastado eles mostraram ter uma louvável impaciência.

Não pense que eu lamento que os homens se cansaram de ouvir sempre a mesma história e as velhas palavras de Poder: ora, novas palavras de Poder serão dadas ao homem.

E com isso as velhas formas serão abaladas, e com chamas consumidoras minha religião será depurada de suas futilidades e iniquidades e seus tristes obstáculos à Verdade.

E aqueles que usavam velhas palavras de Poder para seus próprios fins ficarão impotentes diante das novas palavras de Poder, e novos sinais e símbolos que também serão dados ao homem.[16]

E diante das novas correntes de força eles igualmente se tornarão impotentes, incapazes de manejá-las, pois estarão rarefeitas demais, como se estivessem a uma altitude grande demais para serem alcançadas.

Porque eles amaram o poder e abusaram dele, a eles não será mais dado o poder, mas só para aqueles que deixaram de desejar o poder.

---

[16] Essas novas Palavras de Poder, etc., já estão sendo usadas nos mundos interiores por certos iniciados e seus alunos; pois todas as coisas são manifestas nos mundos interiores antes de se manifestarem neste plano.

Existem muitos ainda nos mundos externos que gostam do poder, mesmo que não o usem para fins iníquos, portanto, eles devem limpar suas almas dessa mácula.

Imperceptível, muitas vezes o poder espreita na mente subconsciente; e por esta razão entre outras razões os Mestres da Sabedoria sancionaram a evolução de uma nova Ciência – a Ciência do Subconsciente – pois isto também é um dos caminhos para a verdade pertencente à Nova Dispensação.

Trabalhar juntos para Deus será a palavra de ordem da Nova Era, e o objetivo será entender e aperfeiçoar o próprio Homem.

Então ele chegará a saber que *dentro* deve ser encontrado o espelho de todo o conhecimento.

Não mais se voltará para fora como até então, deixando suas emoções e sua mente serem manchadas pela poeira da mudança e da fantasia, superstição e medo, mas vagarosamente ele se voltará para dentro, até que, de coração puro, *ele verá a Deus.*

Então se manifestará na Terra aquela antiga profecia – de que cada homem deve se tornar seu próprio legislador.

Por meio do conhecimento da sempre justa Lei da Sequência e da Consequência ele cessará de praticar o mal, deixará de se exaltar acima de seus companheiros e procurar impor-lhes sua própria vontade.

Não, para aqueles que ainda se demoram na beira do caminho ele proferirá sua ajuda, procurando dar-lhes o conhecimento e a força e a visão pela qual eles podem ver Deus por si mesmos.

Assim, meu amado, da Nova Dispensação eu falei, e de Aquário, o signo do homem que inspirará a Humanidade por dois mil anos.[17]

Ora, com crescente poder este signo influenciará a Terra e a aura da Terra, repolarizando com cada sucessiva geração os corpos dos homens.

E assim será cumprida a profecia: *Vejam, eu renovo todas as coisas...* sim, será cumprida por Aquele maior do que eu.

---

[17] Vide *Through the Eyes of the Masters (Pelos Olhos dos Mestres)*, pág. 59, de David Anrias.

do retorno de Cristo

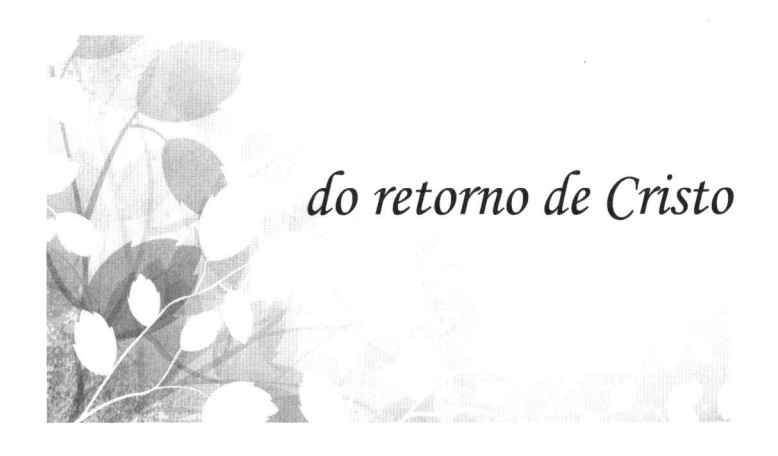

E o Mestre disse:

Meu irmão, nessa minha última mensagem presente, eu quero falar do retorno do Exaltado, cujo servidor e porta-voz eu fui nos dias do meu ministério, e com quem eu também voltarei quando a hora soar.

E porque Seu porta-voz eu sempre procuro ser, o que agora lhe dou para que escreva para os olhos dos homens, é em verdade Sua Mensagem, embora falemos como se fosse numa só Voz.

Aqueles que me amam procuram o dia em que eu cumprir minha aliança e retornar ao mundo dos homens – e eles não procuram em vão.

No entanto, cabe a eles indicar a hora da minha vinda, não a mim: pois de que adiantaria ao Professor colocar a nova lição enquanto o aprendizado da antiga ainda não foi realizado?

Longos anos minha religião tem percorrido seu curso, e embora alguns dos meus amados, vida após vida diligentemente se aplicassem à tarefa que eu coloquei, a maioria se contentou em se aquecer ao sol de sua própria indolência.

No entanto, a cada um será dado de acordo com o seu mérito – pois esta é a Lei.

Sim, nada se perde; e àqueles que no passado desabrocharam por meio do amor e do sacrifício e que adquiriram nobres poderes por meio da contemplação mística e esforço místico, será dado o dom da memória.

Sim, aqueles poderes que eles adquiriram na solidão ou no isolamento autoimposto voltarão a eles, mesmo que vivam no barulho e na agitação do mundo.

Aumentados serão esses poderes; pois no futuro próximo as correntes das forças arcanas, fluindo dos lugares sagrados na Síria e Palestina, serão manejadas para sua vitalização.

Há muito tempo eu abençoei esses locais sagrados a fim de que eles possam ser fontes sagradas de onde devem fluir rios para o sustento daqueles que *estão famintos e sedentos por retidão*.

Sim, desses locais sagrados eu enviei meus primeiros discípulos, com os poderes dos iniciados, para converter os povos do Ocidente.

E esses meus discípulos instruíram seu seguidores na arte arcana da magnetização, e este conhecimento foi transmitido aos seus sucessores.

Pois eu ordenei que objetos de valor talismânico fossem escondidos em diversos lugares como fontes de força espiritual, aonde os fiéis possam vir para a cura do corpo ou da alma nos dias em que minha Religião for ameaçada por dúvida e descrença.

Assim muitos locais sagrados vieram à existência no mundo Ocidental, e persistiram até hoje.[18]

E estes locais sagrados são guardados por um Anjo da Guarda[19] que está em sintonia espiritual com o Grande Coração do Cristianismo Esotérico.

Não em Roma, meu filho, está o Coração, como os padres e relatos afirmam, mas numa região perto da Palestina, onde sempre esteve desde o dia de seu nascimento.

---

[18] Lourdes é um desses locais magnéticos
[19] Um Deva. Vide *Watchers of the Seven Spheres*, de H. K. Challoner, Routledge.

Sim, como a primeira nota de clarineta da minha Religião foi tocada na Palestina, assim suas harmonias vibrarão na Palestina quando soar a hora.

Ora, a roda descreverá um giro inteiro, e será completado o círculo.

Então mais uma vez sairei do lugar de minha reclusão, para que eu possa unificar as diversas formas nas quais o homem moldou minha fé.

E eu purificarei essas formas, separando nelas o ouro das impurezas, e então moldando-as novamente; pois embora o espírito sempre permaneça o mesmo, a forma deve ser adaptada às necessidades de cada era.

E quando o homem aprender a se retirar para os locais sagrados de seu coração, aprenderá a construir cada um sua própria escada para Deus, como sempre foi o caminho do místico.

Então de fato o Espírito desses ensinamentos, que há muito eu procurei trazer para a Terra, verdadeiramente se manifestarão nas vidas dos homens, e aquela amarga briga quanto à letra, que tão discordante ecoou pelas eras, cessará finalmente.

Das algemas do egoísmo e da confusão; do materialismo e da dúvida, esse verdadeiro Espírito brilhará como o sol de trás das nuvens escuras: e eis, onde havia trevas, haverá Luz.

posfácio

Desde que esse escrito foi publicado pela primeira vez, alguns anos atrás, porções dele foram revisadas, outras omitidas, e uma certa quantidade de material novo acrescentado ao texto original. Como isso pode parecer estranho e intrincado às pessoas que leram a primeira versão, algumas palavras explicativas podem ser necessárias, e assim estão aqui anexas.

Para os espiritualistas, teósofos e estudantes do Ocultismo em geral, a proximidade dos mundos (normalmente) invisíveis dos visíveis é um fato aceito, como também a existência dos seres que eles chamam respectivamente de Ajudantes, Espíritos Guias ou Mestres da Sabedoria Antiga. De fato, os Mestres disseram muitas vezes que Eles preferem se considerar como os "Irmãos mais Velhos" da raça, a diferença entre Eles e seres humanos comuns sendo meramente de grau (ou seja, de evolução) e não de tipo. Mas em qualquer luz que Eles em Sua modéstia escolham se ver, o fato permanece – embora desconhecido para o mundo em geral – que Eles estão sempre em contato íntimo com a humanidade, e procuram o quanto possível inspirar o melhor na ciência, filosofia, religião e as artes, inclusive, é claro, dos tipos mais elevados de literatura e ideologias. Em muitos casos Eles inspiram poetas, dramaturgos, e outros, que são bem inconscientes da fonte de sua inspiração, enquanto em outros casos Eles transmitem Suas mensagens para o homem por meio de um ou outro de Seus discípulos ou servidores, esses sendo Seus médiuns voluntários e conscientes. Essas mensagens foram uma vez publicadas em forma de livro, as reações a elas são observadas pelos Mestres, para que correções, diminuições ou acréscimos possam ser feitos em edições posteriores desses livros quando Eles consideram desejáveis. Por exemplo, determinadas porções de um livro podem causar uma impressão errada, muito pequena ou nenhuma na maioria dos leitores, e nesse caso, eles falharam em cumprir o propósito original dos Mestres e, portanto, é melhor que sejam apagados ou escritos de forma diferente. Deve-se notar que apesar de sua visão muito mais ampla, os Mestres não são oniscientes, e têm sempre a lutar com a medida humana do livre-arbítrio e seus caprichos, o que raramente pode ser previsto precisamente em detalhe.

Mas a seguinte pergunta pode agora surgir: Se a Religião de Cristo falhou em cumprir as intenções originais de seu Fundador, porque os Ensinamentos Cristãos foram pervertidos, mal interpretados e usurpados para fins egoístas, por que a Hierarquia de Mestres não tomou medidas séculos atrás para impedir ou contrapor a esses desvios? A resposta está no estado muito atrasado da evolução mental e espiritual da humanidade daquele tempo, junto com o fato de que não havia suficientes servidores ou discípulos da Hierarquia vivendo no mundo para torná-lo possível. Felizmente hoje em dia as condições nesse respeito mudaram muito, e há um grande número de discípulos e servidores, isolados ou formando grupos em muitos países. Esses grupos não são necessariamente religiosos, mas compostos de homens e mulheres de boa vontade que estão trabalhando de um jeito ou de outro para a melhoria da humanidade.

Antes de concluir este Posfácio, pode ser interessante acrescentar alguns dados, recentemente fornecidos pelo Mestre Tibetano em relação a determinadas coisas que não fizeram parte das intenções de Cristo e do Iniciado Jesus quando Eles inauguraram a Religião Cristã.

Primeiro, nunca foi intencionado que o Velho Testamento fosse incorporado aos Evangelhos. Pois, assim como o *Ramayama* e *A Canção Celestial Hindu*, os Evangelhos caem sob o título de Escrituras de primeira classe, o Velho Testamento por sua maior parte é meramente Escrituras de segunda classe, e sua incorporação à Religião Cristã, com a qual fundamentalmente nada tem a ver, pode somente ser considerada como um grande infortúnio, vendo que os dois são irreconciliáveis. De fato, a tentativa de reconciliá-los foi responsável por muito daquele esforço teológico e tormenta cerebral que meramente tornou a confusão mais confusa ainda.

Segundo, a atitude intolerante com relação a questões do sexo que prevaleceu na cristandade não combinava com as intenções de Cristo. Primariamente responsável por isso foi o propagador Saul de Tarso, aliás São Paulo, cujo cristianismo foi colorido por sua própria personalidade e pela falta de tolerância, entendimento e visão em seu caráter.

Cyril Scott
compositor, autor, poeta
por seu filho Desmond Scott

Cyril Scott (1879-1970) foi um homem que tinha um único objetivo nesta encarnação. Seja compondo música, ou em seus livros ocultos discutindo as atividades dos Mestres e relatando suas impressões de uma Grande Alma, seja defendendo medicina alternativa ou escrevendo belos poemas, sua intenção e esperança foi sempre ajudar a humanidade no seu caminho da evolução espiritual.

Existem aqueles que o conhecem somente por sua música, e em especial por uma peça maravilhosa e exótica chamada *Lotus Land*.

Existem aqueles que o conhecem somente como autor da trilogia do Iniciado e outros livros de ocultismo.

E existem aqueles que conhecem Scott somente como autor de livros sobre medicina alternativa, da qual ele foi pioneiro décadas antes de esta ser difundida – livros como *Doctor, Disease and Health* (1938) (Médico, Doença e Saúde) e *Victory over Cancer* (1939) (Vitória sobre o Câncer), que lhe causou problemas com a classe médica ortodoxa porque ele ousou sugerir que poderia haver outras maneiras de lidar com câncer que não a radiação, na época considerada a única forma de tratamento.

Acreditando fortemente que as curas para muitas doenças tinham mais eficácia por meios naturais, não remédios, ele escreveu outros livros, também, como: *Simpler and Safer Remedies for Grievous Ills* (Remédios mais simples e mais seguros para doenças graves) e o panfleto extremamente popular sobre Vinagre de Cidra e Melado Negro.

Um homem de muitos talentos, ele também era poeta, tendo produzido cinco volumes entre 1905 e 1915 e um último volume quase trinta anos depois, em 1943, que contém alguns dos seus melhores versos.

Para relaxar ele pintava; paisagens imaginárias de aurora e por do sol com colinas, árvores e água em tons rosas, violetas e azuis.

Quando lhe diziam que com todas essas atividades ele se dispersava muito, Scott respondia que por quanto mais assuntos a pessoa se interessasse, menos provável que fosse infeliz, pois... "num sofrimento triste está o compositor que não tem alternativas ou ocupações para as quais se voltar naqueles períodos desolados quando a criatividade se esgota, deixando somente aquela sensação dolorosa de vazio e desolamento, tão conhecida de todos os artistas criativos".

Scott nasceu numa família da classe média, protestante praticante, do Norte da Inglaterra. Seu pai foi um comerciante envolvido em transporte marítimo cujo interesse principal era o estudo do grego. Sua mãe tocava piano "com certo brilho superficial, e até havia escrito uma valsa que acabou sendo publicada".

Quando criança, ele foi anormalmente sensível e precoce, chorava quando tocado por uma música. Ele tocou piano quase antes de aprender a falar, tirando canções dos gaiteiros que ele ouvia nas ruas.

Quando completou 12 anos de idade, os pais o enviaram para o Hoch Conservatorium em Frankfurt para estudar piano, onde ele foi o aluno mais jovem até então. Scott permaneceu ali por dezoito meses, voltou para casa, decidiu que estava mais interessado em composição do que em ensinar ou ser um concertista, e voltou ao Conservatório pouco antes dos 17 anos de idade.

Ali ele ouviu Clara Schumann tocar e lembrava vividamente do dia de folga que teve quando todos os seus professores foram para Berlim para o funeral de Brahms, em 1897.

Ele conheceu também vários outros compositores que falavam inglês, incluindo Percy Grainger, que se tornou amigo de vida inteira e enorme fã da música de Scott, tocando suas composições em cidades grandes e pequenas pelo mundo todo.

O sucesso chegou cedo para Scott; sua primeira sinfonia foi executada em Darmstadt em 1900, sua segunda, em Londres em 1903. Neste ano também aconteceu a primeira execução do Quarteto para Piano, no qual o famoso Fritz Kreisler tocou a parte do violino que, como Scott escreveu, "apresentou meu nome diante do público (londrino) de uma tal maneira que, a não ser assassinato, nenhuma outra coisa poderia ter feito."

Vale mencionar que Kreisler mais tarde escreveu um arranjo para violino de Lotus Land que se tornou tão popular quanto o original. Scott disse que de fato preferia esse arranjo e o teria ele próprio escrito para o violino se o seu editor não o tivesse convencido de que peças para piano vendiam melhor do que para violino!

Nos anos 1920, quando sua fama musical estava no auge, ele foi comissionado por Andrés Segovia a lhe compor uma sonatina para violão. Segovia, embora fosse o maior violonista de sua época, era conservador em seus gostos e não ficou feliz com o resultado. A partitura foi depois perdida e considerada irrecuperável até que reapareceu entre os papéis de Segovia mais de setenta anos depois. Executada em 2001 por Julian Bream e depois gravada pelo violonista alemão Tilman Hoppstock e o italiano Luigi Attademo, a obra foi descrita na Revista do Violão como "um dos ápices do repertório para violão do século XX".

Embora no início do século XX Scott tivesse sido aclamado "O pai da música moderna britânica", admirado por compositores tão diferentes como Maurice Ravel, Claude Debussy, Igor Stravinsky e Edward Elgar, na época de sua morte em 1970 ele estava quase esquecido. Muita pouca música sua era tocada e nenhuma gravada.

Agora, quarenta anos depois, a roda da fortuna girou de novo. Interesse nele nunca esteve tão alto.

Todas as peças para piano solo estão disponíveis em CD assim como as grandes obras para orquestra, incluindo os dois concertos para piano, todas as quatro sinfonias e os concertos para violino, violoncelo, oboé e cravo. Músicos estão também voltando sua atenção para as peças de câmera e obras para instrumentos solo, especialmente violino e piano. O noticiário está entusiasmado e um crítico descreveu a terceira Sinfonia, *As Musas*, como "Uma notável descoberta na música britânica do século XX".

Então por que, nos últimos trinta anos de sua vida, sua música foi tão pouco executada? Alguns especularam que foi porque ele nunca pertenceu ao sistema estabelecido e estudou no continente, e não nas escolas inglesas de música; outros, que foram suas opiniões não ortodoxas, especialmente seu ocultismo, que os ingleses conservadores consideravam com suspeita. Talvez a resposta real esteja em algo que ele escreveu sobre outro compositor, seu contemporâneo John Ireland, quando disse: "A verdade, sugiro, que se um compositor é esquecido ou não em geral é uma questão de circunstâncias fortuitas".

Aos dezesseis anos, reagindo contra o cristianismo convencional de seus pais, e pouco antes de voltar ao Conservatório, ele se tornou agnóstico.

Não haver Deus para se preocupar, para aplacar e cantar hinos de louvor, a morte ser simplesmente a cessação da consciência, parecia preferível a se preocupar desesperadamente se você iria para o inferno ou não, depois de morrer!

A atitude de Scott começou a mudar, primeiro, quando por volta de 1905, bem estabelecido em Londres, compondo e tocando suas composições, ele foi uma noite ouvir uma palestra sobre Teosofia. Embora não totalmente convertido, ele ficou muito impressionado pelas ideias deles. Pouco depois, encontrou um livro chamado *Raja Yoga*, de Swami Vivekananda e desde então, como ele conta numa autobiografia, *Meus Anos de Indiscrição*, "O estudo de todas as formas de misticismo e filosofia transcendental se tornaram uma paixão; e não só isso, mas encontrei no estudo deles uma nova e grande fonte de inspiração musical". Tanto de Teosofia quanto de Vedanta ele aprendeu que existem muitas abordagens diferentes de Deus, e todas são válidas. Nossa real natureza é divina. Deus existe em cada ser vivo e a religião é uma busca de autoconhecimento, uma busca do divino dentro de nós. Além disso, o Universo inteiro é uma expressão de energia, e não só os elementos, mas todos os seres encarnados e desencarnados são armazenadores e transformadores de energia.

O misticismo transcendental ensina que toda coisa viva está no processo de evolução, dos estados inferiores para os superiores da existência física e espiritual. Este processo em todas as suas fases é guiado por uma grande Hierarquia de Iniciados. Os iniciados são aqueles que por meio de esforços longos e continuados alcançaram esses estados superiores. Purificados das emoções menores como inveja e egoísmo, e preenchidos de amor por seus semelhantes, eles trabalham incessantemente para guiar outros pelo mesmo caminho que eles palmilharam. É importante enfatizar que eles agem somente como *guias*, nunca ditam, simplesmente sugerem e nunca tentam coagir ou obrigar. Eles são pessoas como nós, não anjos nem semideuses, e diferem do resto de nós somente em *grau*, não em espécie. A doutrina da reencarnação está implícita aqui, já que de nenhum indivíduo poderia se esperar que alcançasse até mesmo uma perfeição relativa numa vida curta. Carma, a lei de causa e efeito, governa o cosmo inteiro, tanto visível quanto invisível.

Scott discute isso em maiores detalhes num livro que escreveu anos mais tarde: *Um Esboço do Ocultismo Moderno* (1935).

Antes, começando em 1920, ele escreveu sobre a Hierarquia dos Iniciados em três livros: *O Iniciado* (1920), *O Iniciado no Novo Mundo* (1927) e *O Iniciado no Ciclo Escuro* (1923). Eles foram publicados primeiro anonimamente por "Seu Aluno", porque o que importava, Scott insistia, não era o mensageiro, mas a mensagem, e ele só mais tarde os reconheceu como seus quando se tornou impossível permanecer anônimo.

O subtítulo do primeiro livro é "Algumas impressões de uma grande alma", e nele e nos dois livros seguintes Cyril Scott conta dos seus encontros com aqueles que ele acreditava serem Iniciados.

Num quarto livro chamado *Música, sua Secreta Influência ao longo das Eras* (1933) Scott revela que foi diretamente sugerida a ele por um Iniciado chamado Koot Hoomi ou Mestre K.H. Scott descreve o que aconteceu quando, no final de 1919 ou começo de 1920, ele começou a frequentar uma casa de repouso chamada *The Firs*, que se especializava em tratar uma variedade de doenças físicas e psicológicas, difíceis de curar. Era dirigida por Alex Chaplin e sua esposa Nelsa, uma talentosa paranormal e terapeuta. Scott tinha enorme respeito por Nelsa Chaplin e se referia amorosamente a ela não só neste livro como também no último volume da trilogia do Iniciado e em sua autobiografia posterior, *Bone of Contention* (1969) (Osso da Contenda). Nelsa via e ouvia entidades desencarnadas, com uma das quais ela tinha contato desde sua infância. Esse era o Mestre K.H. No capítulo cinco Scott escreve: "Minha associação com Nelsa Chaplin se estendeu por um período de sete anos, e durante esse tempo em muitas ocasiões Mestre Koot Hoomi falou comigo por intermédio dela. Numa dessas ocasiões ele me contou que havia chegado a hora em que era desejável que a humanidade fosse iluminada com relação aos efeitos esotéricos da música e sua influência sobre quase todas as fases da civilização. Ele então me pediu que eu escrevesse um livro sobre o assunto, com a ajuda de seu aluno agindo como médium.

Depois disso foi reservado um tempo quando Nelsa Chaplin entrava em contato com o Mestre, e enquanto ela ouvia por clariaudiência a data que ele dava, eu fazia anotações a serem elaboradas em detalhes, mais tarde.

Depois de eu ter concluído alguns capítulos, eu os lia para ela enquanto ela se dispunha a ouvir quaisquer comentários ou correções que o Mestre desejasse fazer".

Scott acrescenta enfaticamente que antes ele não tinha ideia dos efeitos ocultos da música.

Ele também comenta em outra ocasião que não era importante aos Mestres que tipo de pessoa você fosse, o que importava a eles era sua adequação à tarefa a ser feita, e não implicava mérito ou virtude específica de sua parte.

A música costuma ser considerada reflexo da era na qual é produzida, e isto é válido para a maioria dos casos e para a maior parte da música popular especificamente, mas existem outros exemplos, sugeridos por este livro provocante, em que a música não é espelho mas sim ela própria é o instrumento da mudança. Scott discute vários compositores, Bach, Handel, Beethoven, Mendelssohn, Schumann e outros que, consciente ou inconscientemente, foram guiados por seus Mestres a escrever. Um que ele destaca acima de todos, no entanto, é Richard Wagner. Plenamente consciente dos infelizes efeitos de sua música, como a ingênua adoração do herói e excessivo nacionalismo alemão, Scott escreve, porém: "a nota chave da música dramática de Wagner é a unidade na diversidade. Na ópera antiga cada número – envolvendo uma melodia diferente – estava separado e apartado; mas com Wagner ..., embora houvesse um vasto escopo de temas, melodias e motivos, estes estão entretecidos apresentando um todo contínuo. Um profundo princípio espiritual subjaz a seu esquema todo – os muitos estavam fundidos em um. Assim como ondas do oceano são diferentes uma da outra, no entanto unidas e inseparáveis dele, cada melodia era unida com a grande obra de arte da qual fazia parte. A música de Wagner foi o protótipo do princípio da cooperação contra competição; ela simbolizou a verdade mística de que cada alma individual está unida com a Alma Total, a Consciência que a tudo abarca."

Outros livros em ocultismo que Scott escreveu foram: *The Vision of the Nazarene* (A Visão do Nazareno) (1933), que discute os ensinamentos originais de Jesus e como esses ensinamentos foram mal compreendidos através dos tempos; *The Greater Awareness* (A Percepção Maior) (1936) que é sequência ao *Outline of Modern Occultism* (Esboço do Ocultismo Moderno) e se concentra em seu aspecto prático e não teórico, discutindo que o amor influencia todos os aspectos de nossa vida, desde a atração romântica e o matrimônio até o humor e o autoconhecimento.

Um dos livros mais lidos de Scott sobre o ocultismo, porém, é o seu último: *The Boy Who Saw True* (O Menino que via o Verdadeiro) (1953).

É o relato da infância de um menino clarividente na Inglaterra Vitoriana nos anos 1870. Uma obra divertida e deliciosa, mas que esconde um propósito mais sério, cobrindo o mesmo assunto dos livros sobre o Iniciado, mas abordando-o do ponto de vista inocente de uma criança.

Desde o primeiro encontro com o Mestre K.H., Scott acreditava ser constantemente guiado por ele e buscava seu conselho em todas as decisões importantes.

Em 1943, por exemplo, durante a Segunda Grande Guerra, quando tinha 63 anos de idade, ele estava em baixa, ninguém o procurava como compositor, tinha pouco dinheiro, estava deprimido e doente. Ele sentia a morte próxima, mas o Mestre K.H. lhe disse que ele tinha mais trabalho a realizar e assim ele continuou – pelos próximos vinte e cinco anos! Durante esse período, Scott produziu não só várias obras de música de câmera, trios, quartetos e quintetos, mas também grandes obras incluindo sua única ópera completa, *Maureen O'Mara,* a quarta sinfonia, o segundo concerto para piano, um concerto para oboé, um concertino para flauta e fagote e uma sinfonieta para órgão, harpa e cordas.

Se foi a análise da música de Wagner que lhe causou um grande impacto ou se a ideia lhe foi comunicada pelo Mestre K.H. durante a escrita de *Music Its Secret Influence throughout the Ages* (Música sua influência secreta através das Eras), o conceito de unidade na diversidade se tornou sua paixão e seu credo desde então.

Já em 1932, antes de este livro ser publicado, ele compôs e escreveu o libretto para uma *Ode Mística,* que em seu título original era chamada *Ode à Unidade.* Ele também explora em seus versos a crença de que todos nós estamos na mesma caminhada em direção à iluminação, embora cada um esteja num estágio diferente da estrada.

Aqui está a última estrofe de um longo poema escrito durante a Segunda Grande Guerra sobre o que Cristo (que nunca é nomeado no poema) diria se voltasse à Terra agora. O poema se chama "Se Ele falasse hoje" (1939-1943).

Assim eu estou sempre perto daqueles que me procuram
nas planícies ou nos picos das montanhas,
não importa nada qual o seu credo ou sua casta
todos os empenhos nobres acabam levando a mim.
Algumas almas altruístas que eu guio mal ouviram meu nome,
ninguém, por mais que tenha errado, eu culpo;
pois o Amor Divino perdoa tudo porque ele compreende
os pecados que assolam o peregrino até o fim de sua árdua jornada.
E se eu não impeço seus erros tolos,
é para que, e só para que
por meio do autoconhecimento vocês venham mais depressa,
respondendo ao meu chamado,
para compartilhar essa Alegria que nunca se extingue
que é a herança de todos.

Seu apelo por unidade na diversidade encontrou sua expressão mais plena, porém, em 1946 quando ele compôs sua grande obra universalista para coral, o Hino da Unidade. Ele só começou a trabalhar no hino depois de consultar o Mestre e receber sua aprovação. Então Scott escreveu o libretto em cerca de três semanas e concluiu o oratório inteiro de uma hora de duração em seis meses. Este é o coro final e seus sentimentos parecem tão relevantes e tão necessários hoje como quando eram quando Scott os escreveu em 1946:

Ó VIDA que os homens chamam por diversos nomes
E clamam a ti como Brahman, Deus ou Grande Espírito Branco.
Ó tu cuja natureza e cujo nome é Amor
E pelo poder do Amor manténs todas as coisas unidas,
E que habitas em nós como nós em Ti:
Ó, concede que possamos manifestar mais do teu Amor
E percebamos finalmente a verdade mística salvadora
Que todos nós somos Um, assim como somos um conTigo!
Oh, que o espírito dessa Unidade irradie em nossos corações
Para que o pecado escuro e mortal da separação
Desapareça como a noite quando a manhã chega,
E que a Era da Fraternidade possa alvorecer e perdurar para o Homem.

© Desmond Scott 2011

Este livro foi composto na tipologia Bembo std 12 pt
títulos em Monotype Corsiva 24 pt
impresso em papel pólen 70g
em abril de 2012 para a Barany Editora